満洲国の星下村信貞をめぐる人々

松井 義弘

GTP 東京学芸大学出版会

目次

プロローグ

私が下村信貞《しもむらのぶさだ》の来歴を初めて知ったのは、中村十生《じっしょう》著『新豊前人物評伝』であった。名前は私の前著の『青春の丘を越えて　詩人・島田芳文とその時代』を書いたときすでに知ることとなったのであるが、もうひとつ、ノンフィクションを書くほどのインパクトに欠けていた。今になって考えると、原因は私の不勉強のせいであった。そこで、順序として中村十生氏の文章から紹介することにしたい。

下村信貞は築上郡千束村の生れ。大正六年大分県立中津中学校を首席で卒業し、第五高等学校に無試験で入学した。頭脳は犀利、とくに語学に強よかった。大正十二年、東京帝大法学部政治科を卒業した。

下村は大学を出て直ちに満鉄に入社。満洲国の建国とともに同国の外交官となり、外務部次長として、事実上の同国外相の実権をにぎっていた。（中村十生『増補新豊前人物評伝』新豊前人物評伝刊行会、昭和五十三年、二九七～二九八頁）

このように中村氏は書いているが、実際は昭和十四年の「ノモンハン事件」以後の活躍により、新聞紙上に登場するのである。また、東大を出たときは関東大震災後の大不況時で、就職もままならなかった。そもそも満鉄ハルビン事務所に就職するのは昭和二年であり、ロシア語を三年間も独力で勉強し、やっと一等通訳官の資格を取ったりしている。

昭和六年に満洲事変が勃発し、その翌年、満洲国外交部官房計画課長に就任し、政務司ロシア科長を兼ねた。やがて、その手腕を買われて、昭和九年に外交部北満特派員ハルビン理事官に転任し、十二年に日中戦争が起こるや、ハルビン公署署長に昇任した。さらに昭和十三年の張鼓峰《ちょうこほう》事件に際して、現地の状況に通じていた下村は、日本軍のソ連への厳重抗議の電報を押さえ、事態の鎮静を図るべく上層部に要望書を提出する。このため、新京の関東軍第四課の呼び出しを受け、課長と厳しい対決に及んだという。なかなか気骨のある男だったことがわかる。

話は少し変って、昭和五十四年の年末のことである。私の勤めていた小倉北区砂津の「北九州西部朝日会」に、電話がかかってきた。

「わたくし、よねずさぶろうという者ですが、松井義弘さんというお方にお目にかかりたいのですが……」

「その松井は私ですが、どのようなご用件でしょうか。」

「用件というほどのことではありませんが、松井さんがこのたび出版されました『仏教済世軍の旗』

はなかなか良い本だと思います。そこで、内容について二、三お聞きしたいことがございます。よろしいでしょうか」

「そうですね、今日の夕方でよろしかったら、……」

こうして近所の喫茶店で、初めてお逢いすることになった米津三郎氏は、すでに六十歳近い、白髪の紳士であった。後でわかったことであるが、氏は九州国際大学の教授であり、小倉郷土史会の常任理事であり、すでに十余冊の著書を持たれていた。私はと言えば、まだ二冊目の本を出したばかりの、四十三歳のなまいき盛りであった。小一時間ばかり、質問されるままにしゃべった後で、氏は言われた。

「ところで、次の作品の予定がございますか。」

「はい、しまだよしふみを考えていますが……」

「あの『丘を越えて』の作詞者ですね。」

「もちろん、その島田芳文です。」

「それでは、しもむらのぶさだもご存知ですね。」

「はい、島田芳文の同級生で、一番あたまが良かったとうかがっていますが……」

「下村信貞を書く気はありませんか。」

「私も満洲育ちですし、下村信貞は私の生れた村の出身ですから、資料さえ揃えばの話ですが……」

「是非、書いてください。立派なお方でした。」

「…………」

なぜ米津三郎氏がそんなことを言われるのか、私は腑に落ちないまま、その日はお別れした。しかし、島田芳文の評伝が十五年もの歳月を要することとなり、私は全く下村信貞のことを忘脚していた。そんなある日、豊前市千束町千束《ちづか》の旭城址に建立された信貞の実弟「下村非文俳句碑」を見学しているうちに、走馬灯のように米津三郎氏の横顔が浮かんで来た。さっそく、下村家を訪問することにした。幸いなことに下村家の当主は、私の小学校時代の教師・下村八重子氏であった。こうして、下村家に保存されていた『下村信貞追想録』(下村信貞追想文集刊行会、昭和五十六年、以下『追想録』と略称する)に出会うことになるのである。その『追想録』に米津氏は若い日のあこがれと、いささかの緊張感を込めて、次のように書かれていた。題は「下村さんの思い出」という、極めて謙虚で簡素な内容である。

坂井君の紹介で下村さんと面会出来たのは昭和十六年のことだった［このとき米津氏は満十七歳で、九州専門学校高商科卒の春だった］。予め、採用は決定されていたものと見え、直ちに就職記念に調査課一同の前で、講演するようにということだった。びっくりしたが、「調査と研究の方法論の差異」に就いて、思いつくまゝ所信を述べたことを思い出す。その話が分り難いところがあったらしく、直ぐに下村さんが分り易く補足説明されたことを覚えている。要するにこの講演の焦点は、研究における直観の重要性にあったと思う。直観という研究における重要点を、下村さんが瞬間的に把握されたその幅広い理解力に、私はすっかり驚いて了った。

こうして調査部のロシア課に就職出来たのであるが、任地はハルピン特派員公署となった。そこには、社会史的に貴重な文献が集められていたので、私は研究課題としてロシア社会史を選び、先づ「発生史的に見たロシア権力の構造」を選び、専制権力の必然性に手がかりをつかみ、途中ロシア課長のロシア社会史研究中絶の命令に対しては、ロシア民族対策の基本としてロシア権力構造、社会史の研究が必要であるという私の要請を受け入れて下さったいきさつがあった。

私はこの時下村さんの政治的直観を見た。下村さんは表面的には、満洲及び日本の対ソ外交の責任者である。そしてその方面での下村さんの敏腕は、他の多くの人たちが描いて下さる筈である。だが、私は外交方面には手をつけたことはない。

昭和十八年であったと思うが、私は突然新京に転任を命ぜられた。それは、〝東北アジア寒冷文化研究所〟の設立と関連するものであったと思う。私は直接この研究所に席を与えられた。職名は「寒冷地建築」であった。実際にはいろんな政治的課題が下った。最初は特務機関長に対する献策「白系露人統治の原則」、満州国総務長官に対しても同題、企画院第一課長に対しては「民族政治学綱要」、関東軍司令部第五課長に対しては「有事の際の作戦にともなう行政施策の大綱案」、関東軍第五課以外は恐らく下村さん一存の要望であったと判断された。それは白系露人課長（特務機関）が、献策を私を素通りして何故特務機関長に渡したのか、とねじ込んで来たことから察しがつく。又関東軍第五課で、私の案に反対したのは課長だけだったという話を聞いたことがある。この二つの例をとって見ても、下村さんが如何に軍部の政治動向に心労しておられたかが察しがつくのである。（『追想録』二〇一～二〇二頁。［　］内は松井による補足）

年若い米津三郎氏が、ベテランの下村課長からいかに重要視されていたか、この文章は語っているようだ。そのことは、米津氏の戦後の北九州における目覚しい活躍を拝見しても納得がゆく。昭和三十九年の『明治の北九州』（小倉郷土会）、四十四年の『藩政時代の北九州』（北九州近世・近代史研究会）、四十五年から七年がかりで翻刻された『中原嘉左右日記』全十二巻（西日本文化協会）、四十八年出版の『筑豊石炭鉱業史年表』（田川郷土研究会）、五十二年の『小倉藩の歴史ノート』（美夜古郷土史学校）等の仕事により、米津氏の歴史学者としての評価は確定的なものとなり、豊前市役所は『豊前市史』編纂委員を依頼し、上下二巻の監修者にもなっていただいた。この仕事は平成三年に完成するが（豊前市史編纂委員会編『豊前市史』上下、豊前市、平成三年）、人物編（『豊前市史』下巻所収）「下村信貞」の項は、もちろんのこと米津三郎氏の執筆による。

下村信貞《のぶさだ》
明治三二《一八九九》・三・一―昭和三〇《一九五五》・四・二一　満五六歳

築上郡千束村大字千束（豊前市大字千束）の生れ。父政雄は宇島、千束小学校長を経て、千束村々長を三期勤続した。

信貞は大正六年（一九一七）県立中津中学校を首席で卒業し、無試験で第五高等学校（熊本）に入学し、九年東京帝国大学法学部に進んだ。

当時民主主義擁護の論客であった哲学者、元早稲田大学教授杉森孝次郎のもとをしばしば訪問し、教授を通じて政治家中野正剛に紹介され学ぶところが多かったが、中野も下村の将来に期待した。そのころアジア解放が下村の持論となった。

大学を優秀な成績で卒業、しばらく東京第五中学に勤務し、やがて大連の南満州鉄道（満鉄）附属南満工業専門学校教授となった。瀬下米《せしもよね》（父は代議士）と結婚する。昭和二年、満鉄ハルピン事務所の情報部次席に転属した。ロシア語を独力で勉強し、二、三年のうちに一等通訳官の資格を取った。

六年満州事変が勃発し、翌年満州国の建国に及んで同国政府に入った。外交部官房企画課長に就任し、政務司俄国（ロシア）科長を兼ねた。九年外交部北満特派員公署（ハルピン）理事官に転任する。一二年日中戦争が起こり同公署署長に昇任した。同年一一月、中野正剛が国民使節としてイタリア、ドイツ首脳を歴訪するに当たって、特に満州国に要請して下村をその一行に加えた。

一三年、張鼓峰事件（国境紛争で日ソ両軍の衝突）が起こった。現地の状況を知悉《ちしつ》する下村は、ソ連への厳重抗議の電報を押さえ、事態の鎮静を図るよう上層部に要望した。このため新京（長春）の関東軍第四課（満州国の日本官吏の監督に当たる）の呼び出しを受け、課長と厳しい対決をしたことがあった。

翌年五月再びノモンハンで国境紛争が起こり、日ソ両軍の激突に発展し日本軍は大敗、大本営は停戦命令を発し、九月一五日にモスクワで停戦協定が成立した。その協定による満蒙国境画定の一次、二次会議とも不調で、一六年、下村が満州国側全権委員に起用され、全長二五六キロメートルの国境線を確定し調印にこぎつけた。

昭和一八年外交部次長に昇任した。二〇年に入り日本は敗色濃厚となり、下村はソ連軍の満州侵入の気配を察し、ソ連軍の平和的進駐の条件を探ろうとしたが、時既に遅かった。八月三一日ソ連側に連行され、ハバロフスク収容所に在ること一〇年、長恨を抱いて病没した。（一五三〇～一五三一頁）

この記載文を読んで、まず私が感じたのは、『新豊前人物評伝』の中村十生氏の記述との大きな差異である。何よりも、米津三郎氏の叙述には愛情がこもっていることだ。この文章を骨子にして、この評伝をどのように肉付けするかということである。この文章が、暗夜の航海士の羅針盤の役目を果たしてくれるにちがいないと、私は信じてやまない。満洲という未開の荒野に、三宅雪嶺の「真善美の思想」を胸に「五族協和」の新国家を夢みた一人の青年が実在したことを私は掘り下げてみたいのである。

そのためには、まず第一に下村氏本人に関する公正な資料を集めることであった。約二十年を経て、私の手元に蒐集された書籍、コピーの類いは二百点を超えている。現在も豊前市立図書館等の協力を得て、福岡県立図書館、福岡市立総合図書館、久留米市立図書館、北九州中央図書館等の協力を仰いでいるわけであるが、何よりも残念なのは「同世代者への聞き込み」に限界があるということだ。大半が九十歳の後半から、百歳を超えようとしている。

たとえば、米津三郎氏であるが、平成六年二月二十七日に他界された。『小倉藩史余滴』（海鳥社、平成七年）を出版されたころであった。私は片腕を捥がれたような心境になったが、世の中は捨てたものではない。これから何年かかる仕事になるか、それは予測もできないことであるが、私の希望的観測を述べさせてもらうならば、時代は「昭和史回顧」の流れに乗り始めたということである。バブルがはじけて不景気が予測される時期に、東日本大震災に呑み込まれた。この国難ともいうべき事態の中から、再び日本が立ち上がるためには、如何にすべきであるか。日本人全体が真剣に対処すべきときに直面している。

そこで、最後に触れておきたいのは、晩年の「シベリア抑留生活」のことである。次に書き抜くのは、村山常雄著『シベリアに逝きし46300名を刻む　ソ連抑留死亡者名簿をつくる』（七つ森書館、平成二十一年）に書かれている鎌田慧氏の小序の一部である。

長谷川四郎の『シベリア物語』（1957年）は、この作家特有の透明感があって、捨象されたものが多すぎるのかもしれない。「巨大な材木を二人で担いで運搬したりする時」（「ナスンボ」）など森林労働がさほどの疲労感もなく書かれている。日ごとに体重が減る「煉瓦工場」や鉄筋コンクリートよりも堅固な凍結した「糞尿の掃除」などの労働が書かれているが、やはり望遠鏡で眺めているような遠近法である。

しかし、スターリン体制化のソ連は、粛清の恐怖政治だったのだから、日本人捕虜もまた、猜疑の眼差しでみられ、スパイ摘発の尋問を受け、さらに遠隔の地へ流刑される恐怖にあったのは、内村剛介、高杉一郎、石原吉郎の著作によってもあきらかである。

酷寒、飢餓、重労働、この「シベリア三重苦」ばかりか、猜疑と密告と裏切りに満ちみちていた閉鎖社会だったようだ。

「ラーゲリは経済単位としてゴス・プラン（国家計画）に組み込まれて行った」と内村剛介は書き、こうつづけている。

「ラーゲリの労働者は、つまりこの現代奴隷は、その労働でみずからを養うばかりでなく、その肩にラーゲリ長以下の全機構を担ってそれをまかない、そのうえ、突貫工事で死体の山の上に〝社会主義建設の奇跡〟を生み出していったのだ。それは、なくてはならぬソビエトの経済組織の単位であった」（『生き急ぐ　スターリン獄の日本人』、1967年）。

ユートピアにむかうはずの社会主義建設が、政治犯（革命を信じていた純真な社会主義者）や捕虜とその死に至る重労働によって進められていた、という逆説の証明がラーゲリ（強制労働収容所）の存在だったのだ。（六〜七頁）

その地獄のハバロフスクで、下村は十一年も生きながらえて命果てた。その生涯に浅学非才の私が挑もうというのだ。今はただ七十五歳の私の病躯に、人力を超えたなにものかが宿らんことを祈るのみである。

第一章　父・政雄の故郷にて

以前から、一度訪ねてみたいと思っていた下村信貞の父・政雄の故郷へ、十二月四日に行った。福岡県嘉穂《かほ》郡宮野村（現在は嘉麻《かま》市宮吉）である。南側に広大な筑紫山地を控えるこの山村は、まことに風光明媚であった。前日の雨で増水した嘉麻川の流れは清冽で、対岸の部落に並び立つ銀杏の樹があざやかな黄葉に輝いていた。案内役をしてくれた古藤正和氏（元『筑豊通信』発行者）が

「この嘉麻川をさかのぼると、焼物で有名な小石原ですが、行かれたことがありますか。」

「はい、日田側から行ったことがあります。」

「あっ、そうですね。同じ国道二百十一号線ですから……」

「そうしますと、先ほどの大隈の交差点を右に行けば秋月ですね。」

「そうです、三百二十二号線になります。」

「そうしますと、明治九年三月の『神風連の乱』のとき、秋月藩の宮崎車之助ら二百五十五人は、三百二十二号線を通って豊津に潜入したということになりますね。」

「ええ、そういうことになります。ですから、この近在の人々は秋月の人々と昔から交流が深かったようです。」

　間もなく、地元の藍染家・江藤さよ子氏に会って、昔から秋月藩との人的交流や文化交流の深かったことを聞くことになる。ちょうど日曜日だったこともあって、宮野小学校には幾重にも施錠がしてあり、許可なくしては校内にたち入ることが出来なかった。そこで、その小学校の右側の宮野村役場跡や農協跡、銀行跡地を経巡るうちに、江藤さよ子宅に行きあたったという訳である。以下は、その江藤さよ子氏の話である。


「その下村村長の旧姓は『江藤政雄』と、さきほどうかがいましたが、実を申しますとこのあたりで江藤という姓は、約四十軒くらいありましょうかのお。実はわたしも秋月からこの家に嫁に来ましたが、江藤一族の先祖は秋月の出身者が多かようです。」

「そうしますと、お隣の元・宮野村村長であった江藤家のように、福岡市内に移住された家が多々あるということですね。」

「ええ、勤務の関係とか、営業の関係とか、子どもの学校の関係とかあって、だんだんと空家の多くなりましたのお。」

「そういうことになりますと、江藤政雄さんの実家も空家になった可能性がありますね。」

「先ほどお見せいただいたコピーでは、慶応二年生れということになりますね……」
「そうですね、約百五十年ほど前ということになりますか。」
「宮野小学校が、たしか、昨年が創立百三十年になると聞きました。そうしますと、それよりも二十年も前の話ですの。」

私はこの段階で、生家を探すことを断念した。そこで、昭和十二年七月に発行された『築上《ちくじょう》郡人名辞書』（築上新聞社）を再度読み直してみた。

下村政雄君　千東村千東　慶応二年四月八日生　君は慶応二年、嘉穂郡宮野村江藤家に生る。後、旧千東藩士下村家を嗣ぐ。福岡師範学校を卒業して、豊津、椎田、黒土の各高等小学校に歴任し、明治廿七年郷里千東高等小学校首席訓導に任じ、在職十有五年、忠実職に従ひ、校規を振粛し、校長林氏を補佐して功を立て、四十二年、宇島尋常高等小学校長に抜擢され、進みて大正六年、千東尋常高等小学校長に栄転し、大正八年勇退した。玲瓏の人格と、穏健なる手腕を認められ、村民の懇請もだし難く、大正十五年以来、千東村長にあげられ、引続き三期に及び、今猶その任にある。本村は小村にして、諸事業遅滞して、発展思はしからざりしが、君が就任以来、役場、学校、駐在所、産業組合等總て新築し、面目を一新し、其他、溜池の拡張、道路の改修等、諸事業活発に進捗して（中略）社会風教の改善、経済更正に邁進している。これ全く君が高潔なる人格と徳行を以て、村民の中心となり、春風駘蕩たる中に、質実勤倹の村風を醸成したるものと称すべきである。（後略）（一六〇頁。適宜新字体に換えるとともに、句読点を補った）

昭和初期の地方ジャーナリスト特有の筆調があるにしても、かなり評判の良い村長だったことは間違いない。明治初頭の廃藩置県時代の村長・久永鉄次郎は、戸長からの引継ぎもあって在任期間は二十年であるが、この時代は、隣村の黒土《くろつち》村村長・矢幡小太郎も在職三十年を越えており、長いのが普通であった。しかし、大正から昭和に入ると村長職も守備範囲が広くなる。事実、昭和三十年の町村合併で豊前市が誕生するまで、十二人の村長が在職したが、三期勤めた村長は下村政雄一人である。

ただし、私がこの「人物紹介文」を引用した目的は、最初のところにある。

「千束藩士下村家を嗣ぐ。福岡師範学校を卒業して…」の下りであるが、これは、下村家を嗣いで、その後で福岡師範学校に入校したということではないと、私は予想する。養子縁組が何歳ごろのことか、それも不明である。

嘉麻市の宮野小学校の創立が明治二十年以降であるということになれば、小学校も中学校も福岡市内だったのではないか。この時代の縁組常識として、嘉穂郡宮野村の江藤家も士族であったことはまず問違い無い。したがって、修猷館《しゅうゆうかん》中学から福岡師範学校というコースが最有力となる。

さて、話は少し変わるが、政雄少年が目撃した可能性のある「筑前竹槍一揆」について、触れておきたい。引用出典は、穂波町教育委員会から平成七年に発行された『穂波町ものがたり』からである。

一八七三年（明治六）、嘉麻郡高倉村（嘉穂郡庄内町）日吉神社では七日七夜の雨乞祈願が営まれ、氏子二七か村の代表三〇〇人が宮ごもりをしていた。六月一三日は満願の日であった。当時高倉村の後の金国山では、昼は紅白の旗をあげ、夜はのろし火をたく怪しい行動があった。彼らを目取りと呼び、米の値段の上がり下がりを合図知らせる相場人たちが数か所の山頂に陣取り、上方の米価の変動を通信するしくみをとった。これを知った農民の間に、目取りたちはただ連絡するだけでなく、日照りが続き、米の値段が高くなるようにいろいろまじないをしているという噂が流れた。「あいつらは雨が降らんごと邪魔しよる。ゆるさんばい」「合図をやめさせにゃ…」と怒りがふくれあがり、ぜひ目取りたちに合図を中止させるよう、若者十数人を代表に選び直接談判に乗り出した。

相手は田川郡の猪膝《いのひざ》に住む目取りの親方「筆の海」という相撲取りである。一行は数人の目取りたちに強腰でかけ合ったが、交渉は決裂してついに乱闘となり他勢に無勢、農民側は数名が捕われてしまった。危うく難を逃れた数名は血相を変えて急を知らせに戻ってきた。（中略）この急報は村から村へと伝わり、捕まって殺されたとの誤報もあり、二七か村は悲しみと憤りの興奮の渦と化した。手に手に棒や鎌、つるはしなどを持って集まりはじめ、今にも猪膝へ押しかけんばかりの勢となった。筒野村の医者、渕上琢章《たくしょう》が自分の子もとらわれたことに憤慨し「捕まった者は殺されるかもしれん。一五から六〇歳以下の男性はすぐ集まれ」と、二七か村に檄《げき》をとばした。

村々から竹槍を武器にした武装集団が続々と詰めかけ日吉神社に集合した。群集は数百人を越え、鐘をたたき、むしろ旗を押し立て、ときの声をあげて突き進んで行った。時に六月一六日未明のことである。世に言う「筑前竹槍一揆」はこれが導火線となり、県下全域に燃え広がったが、「魔の十日間」へと発展しようとはだれが予測したであろうか。

歴史は時たま皮肉な運命をもたらす。捕虜となった農民たちは目明しの調停によって朝早く釈放され、山道を通って帰途についた。しかし猛り立った嘉麻勢は田川街道を猪膝目指して進んだため行き違いとなり、両者が会うことができずこのことが一揆発生の動機となったのである。味方を奪い返すため猪膝に着いた勢力はすでに解放された後とは知らず、目取りの家をはじめ、米屋、旅館、分限者の家を襲い手当り次第に打ちこわしていった。気勢があがった一揆勢は、竹槍を持ち、明々と松明を揚げ、沿道の村々に呼びかけながら大隈村を目指して前進した。明けて一七日、たけり狂った農民たちは参加しない村は焼き払うとおどし、その数、一〇〇〇人ほどにふくれ上がったといわれる。一揆の群集は大隈、千手、碓井、桂川、穂波、飯塚へとなだれ込み、大隈町の目明しの家をはじめ、嘉麻・穂波の両郡役所、富豪、酒造屋、質屋等数十軒を襲い打ちこわしていった。飯塚では一揆勢の数が数千になったという。

一揆は村から村へ郡から郡へと広がり、筑前の国全体が騒動化した。一揆の群れは嵐のように各地の金満家や、役所、学校、郵便局を襲撃し、大集団となって博多・福岡へと侵入し、ついには福岡城内にある県庁にまで放火する事態となったのである。県側は旧士族の抜刀隊や熊本鎮台から三中隊を出動させて鎮圧に当たり、市街戦では小銃や大砲を打ち、ようやく暴動はおさまっていった。多くの犠牲者を出したなかで被差別部落を焼討ちした悲惨な事件は人権問題として忘れてはならない。一揆の参加数三〇万（一〇万）人ともいわれ、公共施設や家屋の破壊数四五〇〇軒ともいう。（八七～九〇頁）

この暴動の発生地である嘉麻地方では、目取りの行動を止める目的に過ぎなかったのに、それが、なぜ福岡県庁に近づくにつれて、数項目の要求を突き付けるような事態になったのか。一揆沈静後に、県は容疑者摘発にのりだし、徹底的に首謀者を検挙する方針をとったようである。暴動への参加者は、裁判の結果、実刑者は六万四千余名にのぼった。重刑は死刑、又は遠島。軽いものでも、参加者や炊き出しをした者は、全員に罰金二円五十銭や、尻たたきの刑をあたえたという。

このような民衆の暴動は大小の差こそあれ、全国各地に多発していた。その根源なるものは、新政府、つまり明治政府への不満が暴動というかたちで噴出したに過ぎない。明治政府は新事業を推進してゆく上で、巨額の国家予算を必要としていた。平成の現代のように各種の巨大企業が存在しない明治のはじめの国家税収は、八割がた農民の「年貢米」であった。それも、明治六年七月に地租改正の法律が出され、さらに農民を苦しめることになった。

（一）これまでは、その年の米の収穫高の何割、たとえば五公五民ならば五割という計算で税を取っていたが、今後は農地の値段、つまり地価を決めて、これをもとに税〈地租〉を取る。
（二）地租は当分の間、地価の三パーセントとする。さらに、地価の一パーセントは地方税、合計四パーセントとする。仮に、不作、凶作でも、この税額は変えない。
（三）地租は、たとえば米などの品物で納めるのではなく、現金納入とする。
（四）地租は、その田畑を耕している者ではなくその田畑の持ち主が納める。

この地租改正で、税を現金で納めることになった以外に、最も重要な変化は土地売買の自由と、農民の土地所有権が認められたことだった。しかし、昔から村の共有地だった山林や入り会い地は、ほとんどが国有地として、「おかみのもの」になってしまった。

また、地租の基準となる地価は、単なる売買価格ではなく、基本的には明治維新前の年貢よりも地租が安くならないように仕組まれていた。従って、地租の四パーセントの税額というのは、実質的には農作物代金の約三十四パーセントにもなる高い重税であった。単純に計算しても、江戸時代の「四公六民」であり、新時代に期待していた民衆の願いを大きく裏切るものであった。

そのため、このあと数年間、地租改正に反対する一揆が日本の各地に続発したのである。その民衆の勢いに押されるようにして、新政府は明治十年に「地租改正」に乗り出し、二・五パーセントに引き下げた。人々は「竹槍でどんと突き出す二分五厘」と唄って喜んだそうである。

さて、この暴動は農民や一般の人々を巻き込んだものであったが、一方では明治維新の波に乗り遅れた士族の反乱も各地に起きていた。以下は川添昭二他『福岡県の歴史』（山川出版社、平成九年）

よりの引用である。

農民の一揆とほぼ時を同じくして、士族の反乱も続発した。佐幕《さばく》色が強く、維新の波にのりおくれた福岡県地域の士族たちには、新政府に対する反発があった。なかでも他藩にさきだち廃藩させられた福岡藩士族の反政府感情には根強いものがあり、武部《たけべ》小四郎、越智《おち》彦四郎、平岡浩太《こうた》郎《ろう》、箱田六輔《はこだろくすけ》、頭山満《とうやまみつる》らは、廃藩にさいして諸隊が解散させられたあとも、高場乱《たかばおさむ》の人参畑塾《にんじんばたけじゅく》に集まって結束を維持していた。

明治七年二月、江藤新平《えとうしんぺい》が佐賀の乱をおこすと、越智、箱田らはこれに呼応すべく隊を編成した。しかし、乱鎮圧のために来福中の大久保利通《としみち》らによって、逆に政府軍に組織された。ついで明治九年十月、熊本の敬神党《けいしんとう》が廃刀令に反対して熊本鎮台を襲撃すると、福岡県の秋月と山口県の萩《はぎ》に反乱がおきた。磯淳《いそじゅん》、宮崎車之助《みやざきくるまのすけ》、今村百八郎《ひゃくはちろう》らの旧秋月藩士二百数十人は、萩の前原一誠《いっせい》に合流しようとまず豊前の豊津に至り、ここで豊津藩士族に挙兵をうながしたが成功せず、小倉鎮台兵の攻撃をうけて敗走した。これらの反乱に対し、福岡の武部、越智は薩摩の西郷隆盛《さいごうたかもり》とともに挙兵すべきとの考えから動かなかったが、箱田、頭山らは萩の前原に呼応するため準備を進めた。だがその動きはすぐに官憲の知るところとなり、箱田、頭山らは逮捕、武部、越智は、一時薩摩の西郷のもとに逃れた。

明治十年二月、西郷が薩摩に挙兵した(西南戦争)。政府は有栖川宮熾仁親王を征討総督に任じ、福岡に一時本営をおいた。福岡は西南戦争鎮圧の基地となり、旧福岡藩士族たちは政府軍によるきびしい監視の下におかれることになった。このような状況のなかで、挙兵計画を立てていた武部、越智らは、三月二十七日、ついに蜂起し福岡城などをおそった。しかし、政府側の厳戒体制のなか、実際に参加できたものはわずか一六〇余人にすぎず、あえなく失敗におわった。この事件を福岡の変というが、この結果、武部・越智らの首脳陣五人に死刑、その他四四四人に懲役などの処罰がくだされた。（二六七〜二六八頁）

この「福岡の変」を背景にして、明治十年十一月、獄中にあって福岡の変に参加できなかった頭山満らを中心に「開墾社」が設立された。翌、十一年の秋に成美義塾と合併して「向陽社」となり、本格的な民権運動が始まった。

この向陽社の初代社長は箱田六輔で、教育機関の「向陽義塾」も付属していた。社員は千余人で、このうち約四百人が「福岡の変」に関係した士族たちであり、他に県吏や豪商の参加もあったという。明治十二年一月、土佐の植木枝盛が頭山らの招待で来福し、向陽義塾の開校式に出席した。植木は同年三月まで九州にあって、福岡、甘木で講演会を開いたりしている。向陽社では「泰西国法論」の講義をしたり、『民権自由論』の執筆をしたりしている。この本は、明治十二年四月、福岡で刊行された（右掲『福岡県の歴史』に基づく）。

かくして、明治維新前後の内乱状態がようやく収束し、さて国家の形態をどの様なものにするかという段階に来て、問題化したのが憲法の内容とその輪郭であった。次に書き抜くのは、福岡の葦書房から昭和五十二年に発行された頭山統一著『筑前玄洋社』の中の一節である。

西南の戦乱が治まり、大久保が斃れ、再出発の可能性を見出した在野有志家の間で、憲法研究が盛んに行われた。反政府派の多数は、まだ武力による政府打倒の夢を捨てたわけではなかったが、いずれにせよかれら自身、明治日本の明確な国家像を把握し提示しなければならなかった。こうして明治十二年ごろから始まり、十四年頃をピークにして、各政社や、知識人、官僚などの間で、各種の憲法私案が競って作成され発表されることになった。

その中で一般的に名高いものとしては、福沢系の交詢社が作った「私擬憲法案」「私考憲法草案」、植木枝盛の「日本国憲法」「日本国国憲案」、立志社の「日本憲法見込案」などがある。また伊藤博文の下で、明治「帝国憲法」の実質的起草者だった井上毅の「憲法草案」は、明治十五年という時点での井上の憲法思想を知る上で、貴重な資料となっている。

交詢社の二案は、参議大隈重信が同年三月、提出した「国会開設奏議（福沢系の矢野文雄が起草した）」の原材料となったものといえるが、当時、日本最高の知識人である福沢諭吉の全面的指導をえて書かれたものだけに、重厚な英国流立憲思想に基づく、完成された構造を具えている。「交詢社憲法」は、その後民間で作られた憲法私案に大きな影響を与えただけでなく、ある意味で板垣以上に福沢を危険視していた伊藤、井上の憲法構想までも、徐々に揺り動かした。帝国憲法をプロシア憲法の亜流たらしめなかった点でも特筆さるべきものといえる。

植木枝盛の二案は、立志社案の骨子となるものとされている。植木「憲法」はそのラジカルな民権共和思想によって、戦後とくに高い評価をえているが、実際には植木の混乱した思想が露呈しているだけの意味しかない。植木は多分、元老院の各国憲法の翻訳から、彼の激情的な性格が好むラジカルな箇所だけを無差別に抜き出し、法体系の統一性を無視して並べたてたのであろう。軽薄なるが故に優秀なアジテーターたりえた植木を、理論的リーダーと錯覚したラジカル民権派書生がその後数年で他愛なく壊滅し衰弱していったのも無理はない(国会議員となったとき、三十代なかばの植木はすでに柔軟で妥協的な老人となっていた)。筆者はただ共和主義者（といわれる）植木枝盛までが、

国家ノ兵権ハ皇帝ニ在リ

国軍ノ大元帥ハ皇帝ト定ム

国軍ノ将校ハ皇帝之ヲ選任ス

と、ためらいなく書いた部分に、植木を含めて、当時の日本人の自明の常識を示す大切な鍵があると思うのである。

井上毅の明治十五年の「憲法草案」は、まず「国土」を置き、その中で「国王の政府」と、「国民の議会」が対決する、もっとも典型的なプロシア型の憲法構造に立っている。もし伊藤、井上が世上いわれるように明治日本を、極東のプロイセンたらしめんと熱望していたのだとするなら、

どうして十五年の井上案の構造をそのまま「帝国憲法」としなかったのだろう。

実際にでき上った帝国憲法は、十五年の井上自身の「憲法草案」からは、はるかに遠く、政敵たる大隈、井上の「交詢社憲法」の構造にきわめて近いものとなった。（六八〜七〇頁）

さて、福岡での民権運動をリードする存在であった向陽社内で、政治活動推進グループが向陽社から分離・独立したのが「玄洋社」である。ところがその玄洋社と、江藤政雄の次男・下村信貞が大正十年代に入ってから深い交流をするに至る。父・政雄が学生時代に目撃した華々しい政治活動に、息子・信貞の青春時代が交錯するのである。とかく歴史とは、人間とは「面白い」と言わざるをえない。

第二章　玄洋社の群像

玄洋社について、二十年も前から注目していた書があった。それは、石瀧豊美著『玄洋社発掘』（西日本新聞社、昭和五十六年）というまだ若い地元の研究者が書いたものであり、在来の玄洋社に対する見解に一矢を放った印象深いものであった。

新著『玄洋社・封印された実像』（海鳥社、平成二十二年）は、至るところに新しい見解を散りばめたもので、従来の右翼的な固定観念を払拭したものである。

たとえば、アメリカ占領軍の玄洋社への過剰な警戒心に基づく歴史観を前提とすることを批判し、玄洋社を日本帝国主義との連帯的な呪縛から解き放つ作業として、西南の役以前の「民衆運動の出発点」にまでさかのぼり、その根源的な体質の解明に長文を要している。特に、その源流期に高知立志社の植木枝盛らとの交流があったことを述べ、もともとは維新藩閥政治への抵抗心から出発した民衆運動であったことをつまびらかにしている。

ただ問題は、最初に作られた玄洋社憲則は次のようなものであったことだ。

第一条　皇室ヲ敬戴スベシ

第二条　本国ヲ愛重スベシ

第三条　人民ノ主権ヲ固定スベシ

玄洋社初期のこうした傾向は、従来全く省みることはなかったのである。このような初期のこころざしが、西南の役においては西郷軍に味方する行動となったわけである。

また、石瀧豊美は『玄洋社・封印された実像』の冒頭、城山三郎『海は燃ゆ』の記述を取り上げて、次のように書き出している。

広田は玄洋社の正式な社員でなく、生涯、そのメンバーにはならなかった（略）

広田は玄洋社の正式メンバーではない。（略）

『落日燃ゆ』は広田弘毅の生涯を描いた小説として高い評価を受けている（中略）。しかし、城山のこの断定は正しくない。私の作成した玄洋社員名簿から明らかなように（中略）、広田は外務大臣当時の昭和九年（一九三四）、れっきとした玄洋社員であった。それは昭和十一年に総理大臣になっても、その後の重臣（中略）の期間も変わらない。（五頁）

石瀧は小島直紀『無冠の男』にも触れている。

劉寒吉の次の文章を引いて、小島直記は自説の背景を説明する（略）。

「玄洋社の精神に共鳴するものを（安川――石瀧）敬一郎は持っていたし、その気持ちは健次郎にも引き継がれていたのであろうと想像される」。貴族院議員・男爵安川敬一郎（略）の次男が松本健次郎、五男が安川第五郎である。敬一郎と第五郎は玄洋社員名簿に見える。健次郎は社員ではないが、父敬一郎の志を受け継いで玄洋社の理解者であった。少なくともそういう空気の中に育った人であり、劉の想像は間違っていない。

広田も玄洋社員だったのであるから、広田と松本健次郎の関係は、表面的にそう見えるような、利権で結ばれた、官僚と資本家の癒着などではない、という小島直記の指摘が当たっている。

『落日燃ゆ』では、玄洋社について次のように説明している。

広田が玄洋社の柔道場に出入りしていたころから、玄洋社はすでに政治行動団体であることをやめ、子弟を集めて武道を教えたり、郷里の英傑志士の顕彰をしたりといった修養団体に変っていた。さらに、進藤（一馬――石瀧）が社長になってからは、中国語やマレー語の講習会を開き、あるいはアジア各地からの留学生の面倒を見るなどというのが、主な活動になっていた。（略）

進藤一馬その人に取材したこともあって、当時の玄洋社の実態は正しくとらえられている。広田弘毅が玄洋社員だったという事実を認めたとしても、広田が侵略主義者であるとか、A級戦犯に指名されて当然だ、とはならない。一般に流布している「玄洋社」に対するイメージの方を書き換えなければいけないのだ。城山がやっきになって広田と玄洋社の関係を否定しようとするのも、彼自身に玄洋社を侵略主義的な団体とする強い思い込みがあるからであろう。

もう少し広田弘毅にこだわってみよう。広田は福岡市の石屋の家に生まれ、中学修猷館に進んで、玄洋社付属の柔道場明道館で学んだことから玄洋社との関係が生じた。東京帝大を卒業して外務省に入り、外相を経て、二・二六事件直後に総理大臣に就任した。福岡県出身の初めての首相だった。戦後、A級戦犯に指名され、東京裁判で死刑判決が下って刑死した。死刑になった七人の内、六人は軍人（大将五、中将一）で、広田だけが文官だった。広田は東京裁判で自ら弁明することを拒み、あえて極刑をも受け入れた。広田の妻静子は判決に先立って自殺していた。

静子の父は玄洋社員月成功太郎で、これも『落日燃ゆ』に、「妻の静子が玄洋社志士の娘であることも、検事には、ただの人間的なつながり以上のものに映ったようであった」（略）と書かれることになる。広田は玄洋社員ではなかったが、明道館、月成功太郎という二つの接点で、占領軍によって玄洋社員と誤解されたのだ、というのが城山三郎の理解であった。（五～七頁。注番号は省略した）

石瀧豊美に言わせると、たとえば服部龍二著『広田弘毅　「悲劇の宰相」の実像』（中公新書、平成二十年）に、「玄洋社という名称からして、福岡の玄界灘を越えて大陸に挑むという意味である」と書かれているが、福岡市には玄洋小学校、玄洋中学校、玄洋高校をはじめ、玄洋公民館、玄洋タクシーまであって、「大陸侵略」などという大それた意図など、今も昔も含まれてはいないと笑止している。

玄洋社が誕生した明治時代でも、福岡医師会の前身に「玄洋医会」があり、玄洋社三傑の一人・平岡浩太郎の号が玄洋であったが、安政六年に亡くなった福岡の漢方医に「三原玄洋」がいた。「玄洋」は、決して特殊な名称ではないということである。

さてそこで、玄洋社三傑の一人であった頭山満にも触れながら、発足当時から通算して、社員が六百三十人にも及ぶという組織がどのようにして運営されていたか考察することにしたい。

頭山満に石炭業の経営を進めた人物は、三名いると言われている。一人は、朝鮮の亡命政治家・金玉均。もう一人は政界の黒幕と言われた杉山茂丸。三人目が福岡の醤油屋・関運七であったが、これは頭山自身の回想記にも登場する人物であり、確証がある。玄洋社と豪農・豪商との繋がりは深く、関運七との関係は、頭山の回想によると明治二十一年頃に始まるという。

その頃、同じ玄洋社員の平岡浩太郎が豊前の赤池炭鉱の利権を所持していたが、運営資金の不足から共同経営者を募集していた。そこで、頭山はその赤池炭鉱の権利を譲り受けることになり、資金援助を杉山茂丸に頼んだ。杉山は若いときから話術の天才で、たちまち二万両という大金を借り出してきた。これは、頭山が書いた回想記（昭和十四年刊）によると、当時の金額で約二十万円相当であったという。

このような巨額の資金を杉山に提供したのは、二日市の大金持・谷彦一という人物だった。谷家は醤油と酒の醸造家で、筑前随一の資産家・素封家であった。またこの谷彦一は、県道数ヶ所の木橋を石橋に架け替えるなど、名望家でもあった。学問もあり、剣法や馬術にも優れ、村会議員、県会議員を歴任している。その谷彦一は明治三十三年に四十七歳で死没するが、頭山が資金援助を仰いだ頃は、まだ三十五歳だった。

関運七、谷彦一に並んで、玄洋社を援助した人物に矢野喜平次がいた。この矢野は嘉麻郡大隈町で酒造業を営む豪商で、玄洋社の主要メンバーの一人である。これらの豪農・豪商たちが玄洋社と親交を保ち、頭山らの石炭産業進出を助けたわけである。やがて、関運七自身も明治二十五年に筑豊石炭取扱会社を設立し、現在の北九州市若松に石炭市場を作っている。

こうして、頭山は赤池炭鉱の収益を谷と平岡で三割ずつ取り、残りの四割を自分がもらって玄洋社の経営費にあてるつもりだった。しかし、平岡は安川敬一郎と利益折半の契約済みだったのでうまくいかなかった。その後赤池炭鉱は明治三十四年に全面的に安川が買い取り、安川の所有となった。

だが、赤池炭鉱の買収に失敗した頭山は、杉山茂丸と結城虎五郎を使って筑豊の小炭鉱を買い漁った。ときには、同じ玄洋社同士で、平山と頭山は鉱区争いまでしている。やがては九州のみでなく、頭山は北海道にまで手を延ばして、「石炭王」と呼ばれるまでになった（以上は石瀧豊美『玄洋社・封印された実像』に基づく）。

この時期にこのような石炭事業の拡大が可能だったのは、次のような事情がある。

筑豊で蒸気汽缶による機械排水に成功したのは、明治十四年の春である。（中略）長崎の旧大村藩士・杉山徳三郎。いまの古河目尾鉱の鉱区だった。

杉山は十八歳のとき、藩から選ばれて長崎でオランダ人から兵式教練や兵器、雷管の製造を学び、造船所の職工をしたり、維新直後は製鉄所を経営するなど、海外の技術をとり入れた文明開化の先駆者。

「鉄と石炭は文明国の原動力。炭鉱の経営はまず排水。辞書をひきひき、洋書で機械力の利用を勉強した。ポンプをもちこんだときは、気でも狂ったのではないかといわれたのだが……」。杉山は開抗当時の苦難を昭和二年一月号の「石炭時報」（石炭鉱業連合会発行）に述懐している。（朝日新聞西部本社編『石炭史話・すみとひとのたたかい』謙光社、昭和四十五年、二九頁）

つまり、炭鉱の「タヌキ堀り」時代から、蒸気機関によるポンプ使用の施工に移ったときであった。頭山がたまたま炭鉱事業の拡大期に参入したということも、事業成功の要因であったのだ。玄洋社には「一匹狼の士族集団」といったイメージが付きまとうが、実際は筑前・筑豊の豪農・豪商の果たした役割が大であったことがわかる。

その上に炭鉱に使用する坑木資源、つまり、嘉麻山地に続く、広大な筑紫山地が近くにあったことも、筑豊炭田巨大開発の一因であった。九大教授の正田誠一が右掲『石炭史話・すみとひとのたたかい』の序文に、次のように述懐し、慨嘆している。

人間と石炭とのたたかいには、いまひとつの反面がある。中央大手、地元大手、中小炭鉱の展開は何層にもわたる石炭鉱区の占有や支配をめぐっておこなわれたが、この編成によって石炭地域の自然と人間は徹底的に消磨された。百年の採掘跡には数億トンの坑木が投じられ、南北九州から中国の山肌を荒らし、河川を衰弱させた。石炭採掘の自然的制限の第一のものであった排水を克服しても、その水はすでに死んでおり、石炭処理水は川と農地を荒廃させた。採掘跡の地圧によって耕地も住宅も破壊された。石炭とのたたかいに示されたエネルギーがたくましかっただけに、半面での破壊も深刻、広汎であった。（一七頁）

それから、いささか自己宣伝めくが引用に出てきた「古河目尾《しゃかのお》炭鉱」は、私の最初の評伝『黒い谷間の青春　山本詞の人間と文学』（九州人文化の会、昭和五十一年）の舞台でもある。この炭鉱の経営者であった古河市兵衛は、質の良い瀝青炭を足尾銅山まで運び、大量の銅を生産し、電線を造り鉄砲の弾を作ったが、田中正造らによって「公害」を摘発された。この評伝については、「九州文学」の堀勇蔵が『福岡県文学事典』（勉誠出版・平成二十二年）に、次のように紹介してくれている。

松井義弘

評伝作家・歌人。昭和十一年（一九三六）、福岡県豊前市に生まれる。

昭和三十年（一九五五）、福岡県立築上中部高校卒業。全国紙の拡張販売作業担当として福岡市、北九州市などで勤務のかたわら、まず歌人として歩きはじめ、その後、評伝作家として諸作を発表する。昭和三十一年（一九五六）、短歌結社「形成」に入会し、木俣修に師事。昭和五十一年（一九七六）、評伝第一作『黒い谷間の青春――山本詞の人間と文学――』（九州人文化の会）出版。石炭産業の黒い牙で、一瞬にして若き命を奪われた炭坑歌人、山本詞の苦悩に充ちた生涯を描いた力作評伝は、「歌友が鎮魂の書を出版」（西日本新聞）など広く紹介され、世評を呼んだ。（五二九頁）

私は『黒い谷間の青春』の取材を通じて、炭鉱の記録文学作家・上野英信《えいしん》に出会ったのであるが、彼はいま評判になっている「世界遺産の炭坑画家・山本作兵衛」の熱心な援護者の一人であり、中津の作家・松下竜一を大成させた人物でもある。彼の妻女・上野晴子は、私の短歌の師・木俣修の門下生でもあり、歌誌『形成』で若いときに共に研鑽を積んだ仲間であった。

また、上野英信は大正十二年に山口県吉敷郡井関村に生まれ、昭和五年、七歳のとき、父親が若松築港会社に就職したため、八幡市黒崎へ転居。昭和十一年四月に福岡県立八幡中学に入学、昭和十五年十二月、満洲建国大学に入学。昭和十八年、二十歳の十二月に学徒招集により満洲国奉天省の第二十九連隊に入営した。十九年二月、山砲兵第二十八連隊に所属してハルビンに転属している。下村信貞が「ノモンハン事件」の戦後処理で、ソ満国境の調査をしていた頃である。

さらに頭山満は、私の評伝第二作『仏教済世軍の旗』（歴史図書社、昭和五十四年）に登場する人物の一人であり、主人公・真田増丸の広報活動を支持し、済世軍の顧問として財政面の援助までした。また、真田増丸は中野正剛を国会議員にする会の支持者でもあった。このことは、改めて大正時代の章で中野正剛を書くときに、詳しく触れることにしたい。

さて、話は明治中期に帰る。平成二十四年二月二十六日付の『朝日新聞』の「読書欄」に、ノンフィクション作家の後藤正治が『日中百年の群像　革命いまだ成らず』（譚璐美《たんろみ》著、新潮社）の書評を載せている。

（前略）孫文の盟友で「アジア主義者」の宮崎滔天、惜しみなく資産を投じた貿易商・梅屋庄吉、中国通の政治家・犬養毅、玄洋社の巨魁《きょかい》・頭山満、黒龍会の内田良平、自由民権運動出身の萱野長知、「大陸浪人」の末永節《みさお》などなど。主義主張はともあれ、明治維新の余熱を残す壮士たちであった。

当時、中国に映っていた日本は、いちはやく近代を実現した、見習うべき隣国だった。孫文はもとより、黄興、宋教仁、章炳麟、汪兆銘、蒋介石ら、また清朝の革新官僚というべき康有為、梁啓超など、動乱の主役たちはいずれも在日歴をもっている。一時期、日本への留学生は万を超えていた。「安・近・単（簡単）」なる留学地で学んだ若者たちがまた、帰国後、国事に奔走した。

（後略）

このような、明治中期から大正期にかけて中国動乱の時代をテーマにした本が、今、めじろおしに出版されている。どれが正しいとか、どれが有為だとか論じる前に、日本の近代史の歩みを確認しておく必要があるのではないかと私は考える。たとえば、一昨年来からの「坂の上の雲ブーム」のうわつらを流れるナショナリズムの奔流に私は注目する。このような右翼化の傾向は、すでに十年ちかく続いている政治現象である。自民党が飽きられて、民主党への政権移譲が起こり、それが定着するかと思う間もなく東日本大震災が起こり、この国はさらに右傾化してきた。そこに「平成維新」を主唱するグループなどが現れて、もはやファシズム化する様相を呈している。曰く、「民主主義の崩壊」だという声があがりはじめた。もっと激しい者たちは、この際に憲法の改正をすべきだと叫び始めた。これは、明らかな行き過ぎではないだろうか。

私は再度、日本の戦後の歩みを検討すべきだという考えである。もっといえば、明治維新以後の日本の近代化の歩みを振り返り、どこで道を間違えたのか再検討すべきだと言いたいのである。

たとえば、昨年の十月に『玄洋社・封印された実像』の著者である石瀧豊美は、次のように発言している。(平成二十三年十月七日付・『朝日新聞』)

辛亥革命で清朝を倒し、中華民国が成立した翌年の13年2月~3月、孫文が来日。玄洋社に立ち寄った。(中略)それまで十数回の来日は亡命中で不自由な生活を送っていたが、この時は日本の各地で大歓迎を受けた。でも、玄洋社には「座布団は出さない」というしきたりがあり、孫文

を簡素に出迎えたという。（中略）

数カ月後、孫文は軍閥の巨頭で中華民国の大総統になった袁世凱と対立し、日本へ逃れた。日本政府は入国を拒んだが、今度は玄洋社が孫文をかくまい、入国を認めさせたという。（中略）日中戦争中、玄洋社はひそかに和平工作に動いた。「これはあまり知られていない事実だ」という。（中略）「孫文の死後も交流を忘れず、その祖国と戦うことを良しとしなかった」

また、『天才と狂人の間』で直木賞を昭和三十七年に受賞した杉森久英は、『浪人の王者頭山満』（河出文庫、昭和五十九年）につぎのような見解を示している。

頭山満の郷里、福岡は黒田氏五十二万石の城下で、昔から武を尊ぶ気風があった。

また福岡は、玄界灘に面して、古代から朝鮮、中国との往来がはげしく、ここに住む人はつねに、大陸と日本とを対比の関係で考えることになれていた。

蒙古襲来のとき、敵がまず上陸しようとしたのはここである。

豊臣秀吉のころ、海外貿易で富を築いた豪商の多くは、博多の人であった。

こういう歴史があるので、明治になってから、対外問題で活動した多くの人物が、この土地から出たのは不思議ではない。

頭山は安政二年（一八五五）の生まれであるから、明治維新のときは十四歳である。国家の大きな変革は、少年の心をはげしく揺り動かした。

頭山はもと福岡藩士・筒井亀策の二男に生まれ、頭山家に養子にはいったものであった。

頭山は少年時代、手に負えぬ乱暴者であった。あるとき、近所の柿の木に登って、柿をもいでいたら、その家の主人が見て、おりて来いと言った。

しかし、彼は平気で柿を取り続けていたので、主人は怒って木をゆすぶったところ、彼は、やにわに前をまくると、上から黄金色の驟雨をあびせかけた。(中略)

青年時代、彼は仙人になろうと志して、山奥に分け入り、三日三晩、飲まず食わずで座禅を組んだ。

しかし、ついに彼は仙人になりきれなかった。後年、彼は人にむかって、

「おれは、仙人の落第生じゃよ」

といっていた。

頭山満は滝田塾から亀井塾へ移り、さらに高場塾へ移った。

亀井塾主は昭陽先生といった。その父を南冥といい、荻生祖徠の学から出て一派をなしたもので、福岡勤皇党の旗頭であった。(二二一〜二二四頁)

これが頭山満の原点である。彼はこの塾で、勤皇思想を注入されたのだ。次に入ったのは高場塾で、塾主は高場乱。乱を「おさむ」と読ませる女性であった。この塾は福岡市郊外の人参畑にあったので、「人

参畑の豪傑塾」とも呼ばれた。彼女はどんな暑い日でも、肌を露出することがなく、炎天には甚八笠をかぶり、馬に乗って外出した。頭山は最初、眼病を患って高場塾に行ったのであるが、この女傑先生がすっかり気に入って、塾生になった。

高場乱は、どこまでも男の気分だったから、教科書も青年の士気を奮い起こすようなものを選び、火のような講義をした。

福岡は黒田五十二万石の大藩であるが、明治維新のときは薩摩や長州のような働きをしなかった。幕末のころの首脳部が時勢にうとくて、藩内の勤皇運動を圧迫した。そのために明治政府が出来ても、福岡人は重要な地位に就く者はほとんどなかった。だから、征韓論で西郷隆盛が下野したとき、ここぞとばかり命を投げ出して働こうと誓った。武部小四郎、箱田六輔、宮川太一郎、進藤喜平太、頭山満らで、後の玄洋社の幹部たちである。

第三章　憲法発布と教育勅語

『福岡県史』第四巻（福岡県、昭和四十年）の第六編・明治維新第四章の千束藩の項目に、次のように書き込まれている。

明治四年（一八七一）辛未六月改千束藩分限帳

士族壱

一、拾石三人　山口昇

一、八石三人　大野実

一、拾石三人　松崎清

少参事東京詰

一、拾石三人　倉橋琢磨

一、拾石三人　辻直臣

一の士族筆頭未四月六日

一の士族筆頭罷免、少参事
一、拾石三人　　　職務取扱被二仰付一候事　　　久　永　小十郎
　　　御内家附家令
一、拾石三人　　　　　　　　　　　　　　　久保田　孝　夫
　　二の士族筆頭未四月六日
　　二の士族筆頭罷免、更に一の士族筆頭被二仰付一候事
　　　権　大　属
一、八石三人　　　　　　　　　　　　　　　下　村　親　郷
　　外二石繁多に付増被レ下
　少参事軍事局長兼

（五〇七〜五〇九頁）

この「下村親郷《ちかさと》」が下村信貞の祖父である。小笠原藩士専用の「丸山墓地」には、「明治二十年十一月十一日没」と書かれた墓碑が建てられている（現在は撤去されて存在しない）。また『下村信貞追想録』の「年譜」には、下村が明治三十二年三月一日に、「豊前市千束町（当時築上郡千束村）92番地に生れる。父政雄。母ユキ。六男三女の中の二男」とあるが（二二九頁）、この「ユキ」は、

親郷の実子である。
　第一章にあげた『築上郡人名辞書』では下村政雄が、小学校長を務めた後、千束村長になったことが記されていた。そこでは漢文調で、いささか誇大表現が目立ったが、大正末期から昭和初期の全国的な大慌況を背景に、三期十二年に渉って村政を担当したということは、政雄がそれだけの実行力を保持していたに違いないのである。ちなみに、明治二十二年に千束村が誕生してからの歴代村長名を次に書き抜く。

初代　久永鉄次郎
二代　古家丹蔵
三代　久永隆義
四代　長谷川静次郎
五代　加藤松太郎
六代　有光八十馬
七代　下村政雄
八代　西村謙一
九代　久永甫郎
十代　市川文太郎

十一代　武上俊治
十二代　林　竹雄（昭和三十年、豊前市に合併）

初代の久永鉄次郎は、明治初頭の廃藩置県時の事情があるために十八年という異例に長い期間、村長として在職していた。有光八十馬は大正七年から二期務めて、下村政雄に引き継がれた。十一代の武上俊治からは戦後の新憲法下で、選挙によって決められた。それまでは、村民有志による推薦であった。また、全員が士族出身であることに注目する。

さて、話は明治の中期である。広瀬梅次郎著『豊前市産業百年史』（昭和四十一年）に、次のように書かれている。

北九州経済の発展の源をなすものは、筑豊炭田の開拓によるもので、その筑豊炭田の積出港である宇島港の利用は、明治三十年に私鉄豊州鉄道（日豊線に移行）が行橋—柳ヶ浦間の開通により、宇島駅の開設を動機に、石炭の搬出が旺んとなり、第一に石炭関係業者が乗り込み（三井物産起行久良知、共同石炭）、第二番手が石炭産出の資材たる坑木を取扱う各坑木業者にて、その主なる店では、大木、柴田、是永（後継者是永幸夫）続いて宮尾、久次（後継者久次九十九）の各有力業者で、各社共極めて地味堅実なる営業を続け、明治の中期に始まり今日に至る約七十年間、地元産業界を通じ、地元発展に大きく寄与している。（五七〜五八頁）

豊前地方（京都《みやこ》郡・築上《ちくじょう》郡）は「福岡県の北海道」と言われてきた。それが筑豊地区の炭鉱開発によって、ようやく産業開発の波が打ち寄せてきたのである。明治三十年代に入ると、八幡製鐵の開業により、さらに鉱業関係の会社が増設されるが、石炭関係の企業が次々に転入して来て、八屋《はちや》・宇島《うのしま》地区の人口も増え、それについで商店街や飲食店街も生まれた。

この時代、つまり明治後期から大正初期の豊前地方の風俗的な資料として、楠本藤吉著『村の暮らし――ある小作農の手記――』（御茶の水書房、昭和五十二年）がある。この著者は五反あまりの水呑み百姓から身を起こし、代用教員となり、最後は僻村の小学校長まで務めた、伝説的な人物である。その著書の中に、明治期の黒土小学校について、次のように書き残している。

私のような代用教員がほかに四人いた。漢学塾で学んだ老先生と、帝大に入学するまで勤めるという中学校出、それに高等女学校出身の女先生二人である。その他の先生は、準訓導ではなく全部訓導だった。（中略）

これらの資格は検定試験で得ることができた。実力さえあれば、どの資格でも受験できたものの、検定試験で小本正の資格を持ったものは稀で、多くは尋正までだった。教員養成所出身も準教員になるには、この受験が必要だった。

私は小学校卒の学歴だから、代用でも採用不可（中略）四年間、百姓を片手間にやりながら代用教員を勤めたが、教員で身を固めようと意を決し、この検定試験に挑んだ。二年後に尋正の資格を得、その半年後にして訓導に任ぜられ、それからは小本正の資格へ受験すべく独学で歩をすすめた。（中略）

私が八屋校に就任した当時は、師範学校出身の小本正が四人いた。その二年後は七人になったのだが、年ごとに師範出身の先生が多くなっていた。これまでは尋正訓導が学校の主導だったのが、師範出身の小本正が多くなるとともに老齢化し、無試験昇格の道はなく尋正のまま退職した。（中略）八屋小学校は当時、郡下最大の学校で郡役所の膝下である。この大校長が三四、五歳、二七歳のときに校長になったと聞いている。（三二一～三二二頁）

この楠本藤吉の回想記を読んで、明治二十年前後に福岡師範を卒業した江藤政雄（下村政雄の旧姓）が豊津小学校、椎田小学校、黒土小学校を経て、明治二十七年千束高等小学校の首席訓導に任命された経緯を理解することができた。多分、この頃に下村家との「養子縁組」が、成立したにちがいない。長男の政治《まさはる》が明治三十年生まれであることを考慮に入れれば、明治二十八、九年に下村ユキとの婚姻成立が考察できる。また、当時の千束小学校長が千束村の野田在住者であったことも、縁結び役になったのではないだろうか。

さて、話は「憲法発布」に移る。次に書き抜くのは、『日本の百年　3　強国をめざして』（改訂版）（筑摩書房、昭和五十三年）（松本三之介編集・執筆）からの引用である。

一八八九年（明治二二年）二月十一日の未明、日本列島は、九州方面をのぞいて、おおむね雪空におおわれていた。

この朝を日本列島の住民たちは、特別な関心をもって迎えた。少なくとも、なんらの関心も抱かないとしたら、それ自体が異常であるような状況だった。この日こそ、東洋ではじめての立憲国家が日本で誕生する日であり、新しい装いをこらした近代日本の門出《かどで》の日なのである。

立憲政体の採用は、明治政府にとって、いつかは果たさねばならぬ宿題であった。この憲法発布にまでやっと漕《こ》ぎつけた政府にとっても、またそれを要求し闘いつづけてきた自由民権論者にとっても、この日は長年の宿題にひとつのピリオドを打つものであった。さまざまな感慨やさまざまな期待が、ひとびとの心をかきたてたとしても、さほどふしぎではあるまい。

町も村も、何日も前から祝祭の準備に大わらわだった。「憲法発布を祝せざるものは人にあらず」という社説をかかげて気勢をあげる新聞もあった。

しかし、官民をあげてのこの祝祭は、思えば奇妙なお祭りであった。少なくとも冷静な第三者には、そうであった。たとえば、当時東京にいたドイツ人、エルヴィン・ベルツ（一八四九—一九一三）は、憲法発布二日前の日記に、つぎのように記している。

「二月九日（東京）

東京全市は、十一日の憲法発布をひかえてその準備のため、言語に絶した騒ぎを演じている。いたるところ、奉祝門、照明《イルミネーション》、行列の計画。だが、滑稽《こっけい》なことには、だれも憲法の内容をご存知ないのだ。」（トク・ベルツ編、菅沼竜太郎訳『ベルツの日記第一部・上』一九五一年）

一八七六年（明治九年）、日本政府の手により東京医学校（のちの東大医学部）内科教授として招かれ来朝したベルツは、授業のかたわら診療もおこない、多くの顕官貴紳《けんかんきしん》を患者にもっていた。彼は日本をこのうえなく愛し、日本女性を妻とし、滞日三十年におよんだ。一般にはベルツ水という名の化粧水の元祖として親しまれもした人でもある。

もちろん、このような憲法騒ぎの滑稽さを感じとるだけの冷静さは、日本人のなかにも全然なかったわけではない。民権派思想家のなかでもユニークな存在だった中江兆民《なかえちょうみん》（一八四七―一九〇一）もその一人である。当時、兆民の書生だった幸徳秋水《こうとくしゅうすい》（一八七一―一九一一）は、そのころの兆民の横顔をつぎのように伝えている。

「明治二十二年春、憲法発布せらる。全国の民歓呼沸《わ》くがごとし。先生嘆じていわく、吾人賜与《しょ》せらるるの憲法果たして如何の物か。玉かはた瓦か、いまだその実を見るにおよばずして、まずその名に酔う、わが国民の愚にして狂なる、何ぞかくのごとくなるやと。」（幸徳秋水著『兆民先生』一九〇二年）

（三～四頁）

しかし、こうした嘆きや驚きをよそに、日本の全土は、しだいに興奮のるつぼと化していった。

この憲法発布の式典は、午前九時三十分から宮城ではじまった。しかし、なぜか式典は「わずか十分間ばかりで全部終了」した。あと、参列者一同に「鳥の子紙に美しく印刷された帝国憲法、皇室典範、議院法、衆議院議員選挙法、貴族院令、会計法の全文、およびその英訳文」が手渡されて退出となった。

それからその日、東京の町々にくりだされた山車《だし》は、総計百七本にもなったという。まるで三社祭りと明神さまと山王祭りが一度にやってきたような、馬鹿騒ぎだった。

明治二十二年二月十一日に、新聞『日本』を創刊した陸羯南《くがかつなん》は、さっそく国家の政治観の誤りについて、次のように警告している。

政界に賤丈夫《せんじょうふ》あり。国そのものの大目的を知らずしていたずらに一時の変更を畢生《ひっせい》の目的となし、憲法の実施に遭《あ》いて彼岸《ひがん》に達したることと思い、議会の開設に際して国の能事おわれりと思う。これ、何等の誤謬《ごびゅう》ぞや。議会は開設せられたり。わが人民の幸福安寧《あんねい》はなにほどの進歩をなすや。憲法は実施せられたり。わが帝国は何ほどの品位を高めたるや。吾輩請う、その説を聴かん。(『強国をめざして』一二頁より再引用)

時流に屈しまいとする明治初期の硬骨漢・陸羯南のジャーナリスト精神を、私はびんびんと感じてならない。しかし、新聞『日本』は、明治三十年三月に「新聞紙条例」が改正されるまで、約八年間、五代の内閣と闘って合計八十回、二百三十日に及ぶ発行停止を喰らわねばならなかった（以上の記述は、引用も含めて前掲『日本の百年　3　強国をめざして』四〜十二頁に基づく）。

また、「欽定憲法」の初頭の一節、「天皇ハ神聖ニシテ侵スヘカラス」が、その後、如何に民衆を苦しめることになるか、憲法発布の時点では全く無知であったと言ってよい。そこで、「紀元節」や「天長節」のときに、小学校でどのような儀式が始められたかを、前掲楠本藤吉著『村の暮らし——ある小作農の手記——』から書き抜くことにする。

二教室を続けた式場の正面に奉安室があって、この日は紫の幕を張っていた。右側には後藤校長をはじめ、以下先生方が横一列に並んでいる。左側には矢幡村長・高橋少佐・鬼木柳緑先生その他の有志が並んでいる。（中略）三席位の先生が典礼である。

1　「気を付け」「一同敬礼」「礼」、「直れ」一挙一動が号令である。村長等来賓の臨席で祝日は一段と声がきびしい。

2　「開式の辞」首席先生だった。（中略）「ただ今から天長節の拝賀式を行います」

3　「ご影開扉」校長先生が手袋をしてから、静々と奉安室の前に進んだ。「一同低頭」で一斉に頭を下げた。校長先生が謹厳な態度で扉を開く様子を目を上に向けてそっと見た。「直れ」の号令とともに児童は軽く鼻をすすった。

4「君が代合唱」女先生がオルガンの前に腰掛けている。ピアノと異なって哀調を帯びた前奏である。（中略）

5「勅語奉読」校長先生はまた真白い手袋をして高い演壇に上ぼり、テーブル掛けをしたテーブルの前に立った。首席の先生が奉安室から紫のふくさに包んだ箱を目よりも高く捧持して校長先生の前に来て差し上げた。校長先生は卓上から手を伸ばしてこれを受け、卓上に置いて恭しく最敬礼してから、ふくさの角を前後左右に開き箱の紐を解いた。フタを取って横に置き、中から複写した勅語を取り出して開いた。校長先生の一動作・一所作が慎重であり、厳粛であるので式場は水を打ったような静けさで、児童さえ咳払い一つしない。校長先生が勅語に向かって一礼すると、「一同低頭」で一斉に頭を下げた。「勅語、朕惟フニ、我が皇祖皇宗」一語一句が神妙であり、荘重である。「御名御璽」で「直れ」の号令である。長時間の低頭で、鼻の垂れ流しだった児童は一斉に大きく鼻をすすった。

6「拝賀」「職員拝賀」校長先生が御真影の真正面に立った。首席以下教員は、順々にその後に横一列に並んだ。一斉に一礼して左足から三歩前進して止まり、深々と最敬礼である。（中略）「児童一同最敬礼、礼」（二九八〜二九九頁）

まだ、この後に「校長誨告」があり、「村長告辞」が続き、最後に「天長節の唱歌」を合唱して、やっと「閉式の辞」の号令が掛かり、「一同敬礼」となるのであった。楠本藤吉の記憶力もさることながら、ここまで「皇国教育」が徹底して成されたことに感じ入った次第である。ならば、明治憲法とは何だったのかということになるが、正式に憲法の学習をしていない私には、たたき台とでもいうか、その参考になる論文が必要になってくる。そこで、司馬遼太郎著『「明治」という国家』（日本放送出版協会、平成元年）から、次の文章をお借りして、参考にしてみたいと思う次第である。

さて、明治憲法の中身となりますと、これは日本の歴史的所産としか言いようがありません。いかに他の国にすばらしい憲法があろうとも、それはその国の歴史と伝統と文化の所産なのです。明治憲法も、結局、そういうものでした。

憲法国家つまり立憲国家というものは、国家が、自然的状態から法人になったということです。日本の場合、元首は、天皇でした。天皇といえども、憲法によって規定された存在であるということが、法の偉大さです。法が最高にあって、そのもとに天皇がある、ということで、憲法というものは偉大なのです。

明治維新は、徳川将軍家を否定することで成立しました。下々だった諸藩の武士たちにとって、将軍を否定するためには、それ以上の権威である天皇の力を藉《か》りざるをえませんでした。さらに、明治四年の廃藩置県は、太政官に拠る士族にとって、家累代の主君である大名を一夜にして否定し去らざるをえませんでした。これも、同じ事情によって、可能だったのです。明治憲法において、元首が天皇であるというのも、歴史的帰結でした。

ついで、愛国ということです。

すでにのべましたように、日本においては、愛国というのはあたらしい概念です。文明史的にいえば、フランス革命の所産でもあります。

似て非なる言葉として、排外主義（ショーヴィニズム）とか、郷土主義（ナショナリズム）といった概念がありますが、愛国はこれとはまったくちがったもので、排外主義やナショナリズムはしばしば国家の身《み》の内《うち》を腐蝕させたり、国家の方向を誤らせたりします。これらに対し、愛国は国民国家において国民的連帯感のもとにうまれる高度なものです。

ところが、江戸期までの日本に存在したのは、すでにのべたように、愛国はなく、忠君という倫理だけでした。自分が仕えている大名に忠誠心をもつというもので、これは、諸藩にもあり、商家の内部にもありました。

明治は、愛国を当時の日本人になじませるために、〝忠君愛国〟という新旧倫理のセットで、国民に教えようとした時代でした。明治憲法においても、国民のことを〝臣民〟ということばであらわしています。〝臣民〟は法的には国民とおなじ概念なのですが、右の思想的事情からうまれたものです。（中略）

すでにのべたように、江戸末期の革命思想のなかに、〝一君万民〟という平等思想がありました。天皇を戴くことによって、将軍・大名を否定し、三千万の人間が平等になるという思想でした。それが幕末にひきつがれて、明治維新の爆発力の一つになり、廃藩置県をも可能にしました。〝臣民〟とはその帰結としてのことばです。（二九八〜三〇〇頁）

無論、私は司馬遼太郎がオールマイティ（すべて）ではない。ただし、残念ながらこの章の紙数が尽きた。次章で私見を詳しく述べるつもりである。富国強兵に走る明治政府が日清戦争でいかなる世論づくりをし、いかなる戦争政策を展開するかに注目しながら、現代につながる日本の国家変革が可能か、否かを考察してみたい。

第四章　日清戦争の背景

吉村昭著『ニコライ遭難』を十五年ほど前に読んで、この事件が当時の日本国内だけでなく、ヨーロッパ各国に及ぼした波紋の大きさを改めて考えさせられた。それは、安政五年に初めて通商条約の締結をしたアメリカにしても、改めてヒュースケンが斬殺された「生麦事件」を思い出したにちがいない。歴史学者の山内昌之は、その本の解説で次のような見解を述べている。

いまの日本では、「国難」という言葉も、ほとんど死語同然になったかもしれない。しかし、日本近代の歴史には、国民から天皇にいたるまで、自分たちの国が滅亡するかもしれない危難を切実に受けとめた時がいくつもあった。平成のわれわれは、自分たちが生きている列島国家の枠組が未来永劫《えいごう》に安泰だと信じ、日々の平和が揺らぐ可能性を想像しようともしない。しかし、われわれの父祖たちは、現実に多くの「国難」に直面し、信じがたいほど真剣な努力で危機を解決してきた。もちろん、時には誤った信念と政策のもとに、かえって第二次世界大戦という未曾有《みぞう》の「国難」を自ら招いたこともあった。

吉村昭氏が『ニコライ遭難』で描いたのは、渺《びょう》たる小国日本が近代化のなかで直面した「国難」を、明治の日本人たちがいかに乗り切ったのかという勇気と誠意の物語である。

発端となった事件は、明治二四年（一八九一）五月一一日に起きた。折から日本訪問中のロシア帝国皇太子ニコライは、空には雲片がわずかにただよい、連なる山々がくっきりと見える琵琶湖《びわこ》に遊んだ後、大津を経て人力車で京都に帰るところであった。大津の或《あ》る家の前を通り過ぎようとした時のことである。

「入り口の前にも巡査が立ち、皇太子の車が車輪の音を鳴らせて近づいてゆくと、姿勢を正して敬礼した。皇太子の車がその前を通りすぎようとした時、挙手の手をおろした巡査が、急にサーベルをひきぬき、進む人力車の右側一尺（三〇センチ強）ほどに走り寄った。刀身が陽光を反射してひらめき、その刃先が、鼠色の山高帽をかぶった皇太子ニコライの頭に打ちおろされた」。

吉村氏が淡々と描く凶行こそ、文明開化もようやく緒についたばかりの日本の朝野を震駭《しんがい》させた大津事件にほかならない。（吉村昭『ニコライ遭難』新潮文庫版、平成二十六年六刷改版、四四三～四四四頁）

ロシア皇太子のニコライも、同行したギリシア王子のジョージも若さゆえのおしのび旅行であった。ニコライが幸いに一命を取り留めたという情報に、日本政府の要人たちは、一様に安堵した。だが、本国のロシア帝国がどう出てくるかということである。

ニコライの来日は、ロシアの極東経営の大動脈ともいうべきシベリア鉄道着工の時期と重なっていた。ニコライはウラジオストックでの鉄路起工式に出席すべく、来日したのである。だが日本の政治家たちは、ロシア帝国の脅威をひしひしと感じた。特に明治天皇は、ニコライの命に別状がないとわかると、翌朝東京を出発し、二日間にわたりほとんど睡眠もとらずに京都に直行した。

一刻も早く見舞いに行きたいという天皇の意向が、ロシア公使によって断《た》たれたとき、「天皇の顔は煤煙《ばいえん》ですすけ、心痛と疲労でひどくやつれてみえた」と、吉村昭は叙述している（『ニコライ遭難』一八四頁）。結局、ニコライは東京へは行かないことになったが、天皇は神戸まで同行して、ロシア艦艇の招宴にまで出席している。

日本政府の面々は、天皇が人質にとられ、途方もない賠償要求をされるのではないかと発言する向きもあったが、天皇自身はたじろがず、御付きの者だけを同行して、ロシア側の招待に応じて無事に送別の誠を尽くしたということであった。

しかし、問題は津田三蔵の犯罪をいかに裁くかということである。「ニコライは日本侵略の野心を隠していた」と主張する津田巡査の犯罪は、動機はともかくとして、「謀殺未遂罪」が普通であった。このような司法部内の常識派の主張に対して、ロシアとの国交悪化を恐れた政府閣僚は、津田三蔵を死刑にする手立てを模索した。だが、皇室に対する犯罪の罰則を外国の皇太子への凶行に適用できるかということで、日本の司法界は行政府との深刻な対立を生むことになった。ときの総理大臣は松方正義、大審院長は児島惟謙《こじまこれたか》である。双方の対立の背景には、明治維新の功労を誇る薩長の権力があり、一方には司法界に集まった閥外の人材集団の反発という面もあり、「法とは何か」を盾にして、三権分立の柱石たらんとする児島院長の迫力は、非藩閥武士たちの気骨を代表するところがあった。

なによりも皇室罪を外国人に適用することは、「国家百年ノ大計ヲ誤ルモノ」であるとして、穂積陳重《ほづみのぶしげ》帝大教授らを盾にして司法界は妥協しなかった。一方、外国との条約改正や外交関係での対等をめざす外務省側は、西郷従道《つぐみち》内相を代表として、「法律論のために日露両国の平和が破れ、わが国の滅亡を招くことになる」と主張した。だが、児島院長はその西郷内相に向かって、「裁判官は職務上、服従する義務などありません」と言い切った。

結局のところ津田三蔵の「無期徒刑」の判決は、明治の元老や閣僚もくつがえす者はいなかった。歴史学者の山内昌之も結論付けているように、「究極のところで、近代国家形成期の〈愛国心〉を共有していた」(『ニコライ遭難』四五〇頁)ということである。

さらに山内氏は、「大津事件は、明治の日本を襲った最初の「国難」であった。そして、吉村昭氏の『ニコライ遭難』は、未曾有の試練に直面した日本人たちの誠意と勇気、熟慮と決断を描いた小説である。それは、静かなナショナリズムの心性が穏やかに流れている吉村文学の名品として、長く読み継がれるにちがいない」と、この解説を結んでいる(四五一頁)。

また、ロシア帝国がこの判決を結果的に諒解したのも、日本の世論が一致して司法部の判断を支持したからに他ならない。ロシアが日本の国内分裂に乗じる隙がなかったのである。これで、司法権の独立だけでなく、立憲主義も守られたのだ。

さて、このあたりで話は「日清戦争」に移ることにしたい。以下、隅谷三喜男『日本の歴史22 大日本帝国の試煉』(中公文庫版、昭和四十九年)三〜二〇頁に基づきながら、当時の情勢を見てみよう。

一八五八年の安政開国によって諸外国と通商条約を結ぶと、極東で残されたのは朝鮮だけとなった。だが朝鮮の鎖国政策はかたく、西郷隆盛らが「征韓論」を主張する直接のきっかけとなる。しかし、日本政府は国内体制を固めることが当面の課題であるという政策になったが、反対派も朝鮮を日本の影響下に置くべきであるという点では見解は一致していた。

たまたま明治八年に、日本の軍艦「雲揚《うんよう》」が水路測量の帰途、飲料水を求めて江華《こうか》湾に入ったところ、この無断進入の軍艦にむけて発砲してきた。ところが、砲弾が日本の軍艦にとどかず、逆に日本軍艦からの砲撃で、江華島の砲台が破壊されてしまった。そこで日本政府は黒田清隆を全権大使、井上馨を副使として、軍艦数隻を伴って朝鮮側に厳重談判した。この圧力に屈して、朝鮮はやむをえず日本と修好条約を結ぶに至った。

だが、この日本の行動に清国は黙っていなかった。つまり「清韓宗属《そうぞく》の関係」にあった朝鮮は、貢物をおくって保護と指令を受けなければならない地位にあったのである。韓国と直接交渉をするためには、この歴史的な宗属関係を無視するしかなかった。そこで江華条約の第一款に「朝鮮国ハ自主ノ邦《くに》ニシテ、日本国ト平等ノ権利ヲ保有セリ」と宣言し、清韓の宗属関係を無視した。

当時の中国(清国)は、南方の安南地方でフランスとの間に紛争が起こり、北方からはロシアの圧力が強まり、イリー地方でも争いが生じていた。そこで、中国は朝鮮にまで十分に国力を注ぐことができなかった。こうして、日本は表向き「朝鮮の独立」という大義名分を掲げて、朝鮮国への足がかりを作ることに成功したのである。しかし、老大国の中国は、これで宗主国としての地位が動揺したとは考えなかった。清朝の革新官僚・李鴻章《りこうしょう》が北洋大臣になり、朝鮮問題に手を染めるようになると、機会を捉えては巧みに宗主権を復活してきた。

明治十五年、朝鮮国王の実父である大院君の指令を受けた兵士が、日本の公使館を襲撃した。この「壬午《じんご》軍乱」では清国軍は機敏にたちまわり、大院君を逮捕して反乱を鎮圧し、日本を巧みに牽制すると共に、朝鮮との従属関係を復活させた。明治十七年、ベトナム問題から「清仏戦争」が起こり、清国が連敗した機会を捉え、韓国の親日派が起こしたクーデターの「甲申《こうしん》事変」でも、圧倒的に優勢な清国兵に対抗できず、逆に清国の権威を高める結果に終った。

一八六〇年（万延元年）、英仏の連合軍が北京に迫り、清国が北辺の地にまで力を入れる余裕のないのを見越してロシアは黒竜江の下流からウスリー江の東の地に迫り、豆満江《とまんこう》を国境として朝鮮と境を接するようになっていた。その後、ヨーロッパでの列国との対立関係や、トルコ、アフガニスタンなどにおけるイギリスとの対抗に力を分散していたロシアも、朝鮮をめぐる日清の抗争が激化する頃から朝鮮への進出に積極的になって来た。東西のいずれの地域であれ、南下して不凍港を手に入れるのがロシアの基本的な政策であった。

特に、ロシアの南下を恐れていた清国は、日本の朝鮮における経済的な進出を抑える意味でも、朝鮮が清国の宗主権さえ認めるならば、朝鮮が欧米諸国と国交を開き、通商関係を結ぶことも認めざるを得なくなっていた。

甲申事変の善後処置をめぐる日清間の交渉は、明治十八年に天津において伊藤博文と李鴻章のあいだで行われた。伊藤は大いにねばって、朝鮮における清国との対等な地位を得ることができた。

このような情勢の中で、ドイツ人のメーレンドルフが李鴻章の推薦によって朝鮮にやってきたが、彼が最も期待を寄せたのはロシアであった。メーレンドルフは朝鮮国王の了解のもとに、ひそかに駐日ロシア公使と密約を結び、天津での伊藤・李の交渉により成立が予想されていた日清両国の同時撤兵のあと、朝鮮の全面的保護をロシアに依頼することにした。

ところで、ロシアのこうした朝鮮への野心に最も神経をとがらせていたのは、イギリスであった。このころ、イギリスの世界政策は、ヨーロッパにおいてもアジアにおいても、とにかくロシア帝国の南下を阻止することであった。

一八八五年（明治十八年）春、アフガニスタンをめぐる紛争でイギリスとロシアの関係が緊迫していたとき、ロシアと朝鮮の密約によってロシアが朝鮮に重要な足がかりを得たという情報を掴んだイギリスは、すぐさま軍艦を送り、あっという間もなく朝鮮南岸の巨文島を占領した。このことによって、一方ではロシアとの開戦に備えるとともに、他方ではロシアが朝鮮で手に入れる利権に対抗して、ちからのバランスを保持しようとした。

一方、ロシアは朝鮮に対する清国の支配を排除するために、日本が主張したごとくに朝鮮の独立を強調し、支援したのである。

だが、このような情勢を憂慮したイギリスは、できるだけ昔なじみの清国をたてて、ロシアの野望を食い止めようとした。こうした朝鮮における対抗関係は、相互にからみあって朝鮮における情勢をいっそう紛糾させることとなったのである。特にロシアの南下政策は、日本にとっては重大な脅威であった。

朝鮮に在勤すること前後十年近くになる韓国代理公使・杉村濬《ふかし》は、明治二十七年春の朝鮮情勢を『明治二十七八年在韓苦心録』（昭和七年）に書き残している。

全羅道《ぜんらどう》の東学党《とうがくとう》の勢はますますさかんで、その西南部一帯に蔓延《まんえん》し、その地方に配属された韓兵の力ではこれを鎮定することができず、危急をつげる報告が頻繁にくるので、朝鮮政府は国王の親任あつい洪啓薫《こうけいくん》を招討使《しょうとうし》とし、京兵八百を引率し、五月五日京城を出発させた。これより先、王妃一族の有力者内務府督弁《とくべん》（大臣）閔泳駿《びんえいしゅん》は東学党蔓延の急報に接すると、ただちに京兵をだしてこれを討伐しようと企てたが、諸大臣中に不同意の者が多い。かれらはいう、東学党は良民なり、地方官の虐政にたえずして蜂起したものなるゆえ、むしろこれを招撫《しょうぶ》すべきで討伐すべきではないと。ついに出兵をこばんだので、閔泳駿も内部に頼み少ないと思ったからであろう、ひそかに清使袁世凱と謀《はか》るにいたった。（『大日本帝国の試煉』一一頁より再引用）

この東学党の乱は、単に自国の汚職吏官の追放だけでなく、日本人や西洋人の排撃を主張するようになる。朝鮮人民にとっては、開国後、次第に進出してくる日本商人の活動や、外国商品の浸透によって彼らの生活がおびやかされていたのであった。商品経済が未発達だった当時の朝鮮では、日清の商人が持ち込むイギリス製綿布は、地元の朝鮮綿布に圧倒的な打撃を与え、また、大量に米を買い、綿布や雑貨を売る日本商人は、商取引に馴れない朝鮮商人や民衆の無知につけこんで、暴利をむさぼっていた。

ともあれ、朝鮮国内の情勢切迫を憂慮した杉村代理公使は、日本の外務大臣陸奥宗光《むつむねみつ》に報告すると共に、清国の袁世凱にも面会して意向を糺《ただ》した。

目下東洋の平和を維持しようと欲すれば、朝鮮の内乱をいまださかんならぬうちに鎮定することが何よりの急務である。東学党の乱は政府および地方官などの虐政に原因するものである(中略)政府の力でこれを鎮定することができず、かえって乱徒のために転覆されることになろう。しかるときはかならず外国の干渉を受け、朝鮮はついに各国の係争地となるであろう。ゆえに自分の意見は、とにかく乱民を鎮定して、外国干渉という禍の端緒を絶とうするにある。(『大日本帝国の試煉』一三〜一四頁より再引用)

そこで、杉村から情勢急迫の報告を受けた日本政府の陸奥は、もし清国からいかなる名義を問わず朝鮮に軍隊を派出する事実があるときは、わが国もまた相当の軍隊を朝鮮に派遣し、不慮の変にそなえ、日清両国の朝鮮にたいする権力の均衡を維持しなければならない。（同書一四〜一五頁）

と主張した。関係者一同これに賛同して、ただちに参謀総長・有栖川宮と次長川上操六中将の出席を求め、協議の上で天皇の裁可を受け、とりあえず海兵数百と一混成旅団を送ることになった。両国が兵を出動させれば、いつ戦争になってもおかしくない事態が、瞬《また》く間に決定されたのである。続いて、その五日後には大本営を置くことが決定された（同書十五頁による）。

以下は、「参謀本部編『日清戦史』」からの引用である。

事態すこぶる容易でない。わが陸海の派遣兵士はその進退を慎重にし、整一にし、政府の意向と相応じなければならぬ。そのため陸海軍を統一節度する一の特別統帥部を設ける必要が生じた。そこで従来の慣例によって総督府を設置する議があったが行なわれず、わずか一混成旅団と海軍の一部からなる派遣兵のためには過大の感はあったが、ついに大本営をおくことに決し、允裁《いんさい》をえ、六月五日に開設した（『大日本帝国の試煉』一五〜一六頁より再引用）

だが、日本外交の責任者である陸奥宗光は苦慮していた。清国側が積極的に動かないのに、日本側から行動することができないからである。ところが、六月八日、清国兵二千人余が京城の南、牙山《がざん》に上陸した。そこで一番にあわてたのは、韓国政府であった。もし、清国兵が京城に入れば、日本兵も入城し、いかなる事態が発生するかわからなかったからである。

そこで急遽、韓国政府は全州を占拠していた東学党を全力で攻撃し、解散逃亡する向きは追捕しないことを約束して、戦意を喪失させ、六月十一日に鎮圧に成功した。しかし、日本兵は十二日以降もぞくぞくと仁川に到着していた。

その事態に苦心惨憺《さんたん》し、陸奥宗光が在日清国公使に打ち出したのが、次の三条の提案であった。

一、朝鮮の内乱を日清両国の協力によって鎮定する。

二、その上で、内政改革のため日清両国から常設委員を出し、行政および財政の改革を行う。

三、自衛のために必要な軍隊を編成する。

この陸奥の申し出に対して清国政府は、朝鮮の内乱はすでに鎮定したことだし、内政改革などと言っても内政干渉になるので、清国としては干渉する考えはないと回答してきた。そこで、日本側はなんとか口実をつかまえなくてはならなくなった。清国からの解答に対して、日本政府は京城の公使館に次のように指令を出した。

朝鮮ニ関係セルワガ提案ニツキ清国政府ハ同意スベキ様子ナシ。（中略）ツイテハコノ機会ヲ利用シテ朝鮮政府ニ向ヒ京城釜山間ニオケル電線ノ譲与、朝鮮内地ニオイテ日本人所属ノ商品ニ対

スル不法課税ノ廃止、防穀令ノ全廃ヲ朝鮮政府へ要求スベシ（『大日本帝国の試煉』一八頁より再引用）

正直なところ、これは無理難題である。韓国政府のみならず、日本公使館をもひどく困惑させた。清国への要求ならばいざ知らず、憐れむべき朝鮮の国難に乗じて、それはないのではないかと言えないまま韓国政府に申し入れした。

後年、ハルビン駅頭で伊藤博文を暗殺する安重根も、その動機の一つとして述べているが、東学党の民衆蜂起に乗じた日本政府のやり方を批判して止まなかった。日本帝国の汚点であったことは間違いない。

そこで、ことの成り行きを注視していた欧米諸国は、日清のあいだに立ってさまざまに調停を試みると共に、日本の積極的な動きを牽制《けんせい》しようとした。特に、ロシアとイギリスの動きが顕著であった。まず、ロシアが李鴻章の依頼もあって、六月末に「日清両国の撤兵」の申し入れをしてきた。それは、「もし日本政府が清国政府と同時に軍隊を撤去することを拒むならば、日本政府はみずから重大なる責任を負わねばならない」と、すごみを利かせた内容であった。だが、ロシア自体は「日本への警告」に留まり、それ以上の外交行動はしなかった。一方イギリスは、日清の衝突が極東における経済上・政治上の利害と深くかかわっていたが、清国の和平策を歓迎しながら、万一に戦争となっても清国の勝利は間違いないと判断していたから、従来どおり、清国寄りの立場を維持した。

そこで、日本政府は七月十二日、大鳥公使に次のように打電した。

英国の仲裁は失敗した。今は断然たる処置をとる必要がある。いやしくも外部からはなはだしい非難を招かないかぎり、いかなる口実を用いるともさしつかえない、すみやかに具体的運動を始めよ（『大日本帝国の試煉』二〇頁より再引用）

その後、数日して袁世凱が突如帰国した。内心で清国を頼りにしていた韓国政府は、この袁の行動に狼狽《ろうばい》した。日本側は、この機とばかり軍隊を王宮内に乱入させ、すでに隠棲していた「大院君」を担ぎ出し、クーデターを起こして親日派の政府を組織させた。まさに、賽《さい》は投げられたのである。

最後に、日清戦争勝利の詳細を述べることは止めて、有名な内村鑑三の「義戦論」に触れ、その胸の内を書き抜くことにしたい。

ただ征服だけを目的として戦争を起こすことは、西郷［西郷隆盛］の良心に反しました。東アジアの征服という西郷の目的は、当時の世界情勢をみて必然的に生じたものでした。日本がヨーロッパの「列強」に対抗するためには、所有する領土を相当に拡張し、国民の精神をたかめるに足る積極策が必要とみたのでした。それに加えて、西郷には自国が東アジアの指導者であるという一大使命感が、ともかくあったと思われます。弱き者をたたく心づもりはさらさらなく、彼らを強き者に抗させ、おごれる者たちをたたきのめすことに、西郷は精魂を傾け尽くしました。（内村鑑三著、鈴木範久訳『代表的日本人』岩波文庫版、平成七年、二八〜二九頁。［　］内は松井による補足）

つまり、内村は「驕れるヨーロッパ列強に対抗する精神」が、日本の国内に澎湃《ほうはい》として起こることを期待したのだ。

第五章　ナショナリズムの興隆

日清戦争の講和条約は、明治二十八年（一八九五）四月十七日、山口県の下関（春帆楼）で、日本側は伊藤博文と清国側は李鴻章を中心にして締結された。以下、大濱徹也『明治の墓標　庶民のみた日清・日露戦争』（河出文庫版、平成二年）七七頁以降に基づいて、当時の状況を見てみよう。

下関条約の主な内容は、次のとおりである。

一、朝鮮の独立（第一条）
二、遼東半島・台湾全島・澎湖列島の割譲（第二条）
三、賠償金二億両（日本円で約三億円）の支払い（第四条）
四、通商航海条約の締結と最恵国待遇条款の確立（第六条）
五、条約施行の担保として威海衛の一時占領（第八条）

等々であったが、この条約について四月二十三日にロシア、ドイツ、フランス三国公使は、日本の外務省に林外務次官を訪れ、次のような内容の口述覚書を述べた。

日本国より清国に向つて要求した講和条約を査閲するに遼東半島を日本が所有することは啻《ただ》に常に清国首府を危ふするの恐あるのみならず是と同時に朝鮮国の独立を有名無実と為すものにして右は将来極東永久の平和に対し障害を与ふるものと認む因て露国政府は日本皇帝陛下の政府に向て重ねて其誠実なる友誼を表せむが為め茲に日本政府に勧告するに遼東半島を確然領有することを放棄すべきことを以てす（『明治の墓標』七八頁より再引用）

これが、史上有名な「三国干渉」である。勿論のこと、この三国干渉は日本国民を動転させ、歯軋《はぎしり》させた。しかし、剃刀《かみそり》外相と言われた怜悧な陸奥宗光には、列国の干渉が予測される事態であったから、彼の関心は、この三国干渉をいかに戦後経営の上で活用して行くかということであった。

むしろ陸奥外相の真意は、清国に勝って天にも昇る勢いであった日本国民の心に寄り添い、列国の干渉を挑発しながらも、日本国民の大いなる一致団結を計る意向であった。老獪《ろうかい》な政治家であった陸奥宗光の思いは、国民感情では計り難いものであったと言える。国民の大半は、三国干渉によって日本の勝利が奪われたとの感を深くした。特に『国民之友』を発行し、明治二十年代の日本の世論をリードしていた徳富蘇峰は、先頭になって平民主義の息吹を打ち上げた一人であった。後年、熊本の五高に進学する下村信貞が、この徳富蘇峰の影響を多大に受けて「日本青年論」を書くことになるが、それは大正七年頃の話。このころ、蘇峰徳富猪一郎は占領地視察に出掛ける新参謀総長の小松宮彰仁親王に随行して、遼東半島の旅に出ている。蘇峰は、この旅で第三師団長の桂太郎に会って、たいへん感激している。そして、遼東半島還付の報を知り、激しい怒りを外交当局者に向け、無念の涙を呑んで次のような文章を書いている。

予は露西亜や独逸や仏蘭西が憎くは無かった。彼等の干渉に腰を折った、吾が外交当局者が憎かった。一口にいえば、伊藤公及び伊藤内閣が憎かった。

かねて伊藤内閣とは外交問題で戦ったが、いまさらながら眼前に遼東還付を見せつけられたには、開いた口が塞がらないというばかりでは無かった。この遼東還付が、予のほとんど一生における運命を支配したといっても差支えあるまい。この事を聞いて以来、予は精神的にはほとんど別人となった。而してこれというも畢竟すれば、力が足らぬ故である。力が足らなければ、いかなる正義公道も、半分の価値も無いと確信するに至った。

そこで予は一刻も他国に返還したる土地にいるを屑《いさぎよ》しとせず、最近の御用船を見付けて帰る事とした。而して土産には旅順口の波打際から、小石や砂利を一握り手巾《ハンカチ》に包んで持ち帰った。せめてこれが一度は日本の領土となった記念として。（徳富蘇峰『蘇峰自伝』日本図書センター、平成九年、二二五頁）

その年の五月末、東京に帰ってきた蘇峰は、その旅順口の砂利を少しづつ国民新聞社の社員たちに分けて与えた。当時、社員の一人であった宮崎湖処子《こしょし》（福岡県甘木出身）は、そのときの言いがたい想いを短詩に書き付けている。

君が賜ひしこのさざれ
旅順のものと聞くからに
渤海湾の波の音
これにも籠るここちして

（前掲『明治の墓標』八十頁より再引用）

日清戦争の経験を通じて、日本の青年男子のみならず、彷彿《ほうふつ》として沸きあがるナショナリズムの昂ぶりを感ずるのは私一人ではないだろう。宮崎湖処子の「さざれ」には、明治二十六年に小学校の儀式用唱歌として選定され、後に国家となる「君が代」の一節、

さざれ石の巌《いわお》となりて苔の生《む》すまで

の「さざれ」が歌いこめられていたのである。

また、日清戦争の本質は、明治天皇が最も信頼していた宮中顧問官の佐々木高行に表明した言葉の中にも述べられていた。

盛京省半島をわが領とするは如何と考へたり。同地の模様を聞くに、収納は至って少なく迚も行

政と国防とに不足し、本国より仕送り致さずては、何事もできぬ様子なり。（中略）過日も伊藤《博文》に戯半分申聞くるに、半島を取ることは急速にも及ぶまじ、此度の戦争にて地理人情も相判り居れば、遠からず（中略）再戦の期来るべし、その時に取りても宜しかるべしと申したりと、大に御笑ひ遊ばさる。（盛京省半島は、遼東半島のこと。前掲『明治の墓標』八一〜八二頁より再引用）

明治の社会主義者らが指摘したように、いうならば日清戦争は、石川旭山・幸徳秋水の両名が述べているように、「未だ資本家の自覚に因りて起りたるものとする能はざるべし。資本家が自己の利益を計らんが為めに起されしものといふ能はざる」（『日本社会主義史』、『明治の墓標』八二頁より再引用）ものだった。また山川均も、その「自伝」の中で次のように述べている。

外国製の糸や外国の綿をつかって近代的な工場で作った糸を買い、それをめいめいの家庭で織って――また織らせて――着るという状態は、自分の畑で作った綿を糸車で紡いで織って着る状態から、工場で作った糸で工場で織った反物を買って着る状態にうつる、ほんの僅かのあいだの過渡的な状態にすぎなかった。私の家で糸物商をはじめたころには、手織りバタのある家が多かったし、家庭の仕事のあいまに賃織をする人も多かった。私の家では商売がら、ずっと後まで手織の反物を着ていたが、日清戦争前後の時期になると、たいていの家庭では、既製品の反物を着るようになり、手織りバタは、糸車の運命を追うことになった。こうして、直接に糸に対する一般的な需要は、比較的短い時期のあいだに、急速に減ってきた。（山川均『山川均自伝』岩波書店、昭和三十六年、一三〇〜一三一頁）

山川の家が没落したのは、父の経営が「士族の商法」であった以上に、糸そのものに対する一般的な需要がなくなって来たからだった。

それは、山陽道姫路の仁豊野《にぶの》に生れた哲学者の和辻哲郎も回想しているように、「衣食住のうちの衣に関係する仕事を、大体村の女たちの手で弁じていた、という時代は、大体日清戦争のころに終わった」（和辻哲郎『自叙伝の試み』（和辻哲郎全集第十八巻）岩波書店、昭和三十八年、三一頁）という。つまり、産業革命の波がついそこまで押し寄せていたのである。

これは村の日々の活動にとっては非常に大きい変化であって、たぶん明治維新の際にもこれほどの変化はなかったのではないかと思われる。明治維新は政体の上では大きい変化であった（中略）しかしその変化は産業のやり方にまで影響を与えたわけではなかった。従って城下町の武士たちに起こったような大きい生活の変化は、農村には起こらなかった。（同書二二頁）

この論理を、下村信貞の生れた「千束村」に当てはめてみれば、明治維新から約三十年後の変転はすさまじいものがあった。父政雄が教職員でなかったならば、十石三人扶持の士族授産では、とても生活が成り立たなかったはずである。事実、多くの士族が新しい職を求めて他郷へ去って行った。特に下級士族ほどその動きが激しく、或る者は大阪へ、また或る者は東京へという具合に、大都市の大工場地帯へ向けて、民族的な大移動が行われた。

つまり、それまで小藩の殿様が「主君」であった人々が、産業革命によって各地に誕生した工場群のなかに身を移して働くようになり、それぞれがそれぞれの地で新しい主君、もっと言い替えれば三井、三菱、住友などといった大資本から群立する中小資本家の下で、新しい職場を得て、生活のために忠勤するようになったわけである。

たとえば明治三十一年十二月十八日に、東京の上野公園に西郷隆盛の銅像が建てられ、その除幕式が盛大に行われた。西南戦争で国賊の大将として戦死したはずの男である。それが、どうして新しい神様になって蘇生することになったかというと、西郷隆盛の「征韓論」を国民国家の守護の象徴的存在に祀《まつ》り上げるちからが働いたわけである。その底にあるものは、三国干渉によって動揺する国民に向かって、新しい「愛国の象徴」を指し示す意図が働いたわけである。清国から取り上げた植民地のこともあるが、明治政府の要人たちの腹のなかに、すでに朝鮮の植民地化の遠望が芽生えつつあったに違いないのである。つまり、その為の新しい「守護神」が必要であったのだ。

こうして、次の国策であった日露戦争が着々と用意されつつあった。その兆しは、たとえば、明治二十五年から二十六年にロシアの状況を視察するために行われた陸軍軍人福島安正のシベリア単騎横断旅行にも現れている。前にも書いたように、明治二十六年には「君が代」が小学校の儀式用唱歌として制定され、神国日本のイメージが着々と形成されつつあったのだ。そのような意味で、福島安正も新しい英雄化の一人となる。

私は、昭和五十八年十二月に発行された尾崎秀樹著『夢いまだ成らず　評伝・山中峯太郎』（中央公論社）によって、山中峯太郎の全貌について知ることになるのであるが、彼が書いた「敵中横断三百里」や「亜細亜の曙」が出版される昭和初期以前に、こうした英雄化が始まっていたのである。敗戦後、九歳の少年であった私は貸本屋で借りた「敵中横断三百里」を一夜で読破した記憶が懐かしい。

さて、そこで話は明治二十八年五月十日に戻る。このとき、明治天皇はロシア、ドイツ、フランス三国の表向き「友誼上の忠告」を聞き入れ、遼東半島を清国に還付することを国民に告げ、「時勢の大局を見て国家の大計を誤ることのないようにせよ」と諭した。そんなわけで、すでに五月四日の閣議で決定され、五月五日には三国公使に通告されていたにもかかわらず、十日まで国民には知らされなかった。その理由は、徳富蘇峰のような急先鋒たちへの配慮からである。それほど、三国干渉に対する国民の怒りが広く日本全体にみなぎっていたのだ。それほど、過激なナショナリズムの勃興というべきであった。そこで当時、改進党の代議士をしていた島田三郎（毎日新聞社社長）が、親しい党友に送った書簡を、参考のために書き抜くことにする。

過日露国干渉之件政府秘密に付し国民其真相窺《うかがい》知るに由ナク新聞紙尚も其事に及へハ直ちに発行を停止するに至り殆と暗中に物を摸すると一般ニ被存候露之申状ハ日本か東洋の大陸に領地を

有する之は允当《いんとう》ならすと云ふに在りて仏独も同様申入候儀ニ候但し仏独はホンノ御付合にて身を入れ反対するは露国と被存候英は中立して何事も発せす要之日本之対主は露之一国ノミ露之陸兵ハ畏るゝに足らす相手ハ其海軍ニ候彼れも三十隻位之軍艦を持ち来るへし我も之に当りて五分之力あり彼れには石炭積込ミステーションなく我は自由に有之決して深く畏るゝに足らす要するに我国人之決心如何と存す但し政府秘密々々と云ひて真相を国民に知らしめす温和々々と唱へて屈従之傾あるは嘆息之至リニ存候内閣員残ラス西上いたし枢密顧問も同断或は屈従之案を諮問せらるゝにやと被存候（『明治の墓標』八十九〜九十頁より再引用）

この書簡は、明治二十八年五月七日に砂川憲三宛に出されたものである。島田三郎の、この「ロシア何するものぞ」という気概こそが、その後の日本人の「臥薪嘗胆」を合言葉に、十年近くロシアに抗し得る力を養うこととなるのだ。この「臥薪嘗胆」は、三宅雪嶺が新聞『日本』に掲げた論説の中の言葉であるが、この三宅雪嶺は、後年、中野正剛やわが主人公の下村信貞が尊師と仰ぐことになる人物である。

そこで、明治政府は「戦後十年計画」を推進すべく、二十九年一月の第九会議において陸軍を六個師団から十三個師団へ拡張する計画を練り、海軍は百十三隻（二十六万五千トン）の艦艇を建造するという計画を承認した。軍備拡大と増税への民衆の不満は、もはや「臥薪嘗胆」の声にかき消され、軍人へ街には殺伐とした尚武の気風が漲って来た。子供等の間では「戦争ごっこ」がはやると共に、軍人への憧れが増長された。

日清戦争後の軍国教育は、小学校や中学校のみならず、さまざまな社会教育機関が組織された。また、尚武会などの民間団体が組織され、「臥薪嘗胆」をかかげて功を競わせた。それらの中心となったのは各県の書記官、参事官、郡長らであった。それらは、軍事啓蒙とともに、徴兵者の支援とその家族に対する援護など、さまざまな形で軍国の備えを固めようとした。なかには熊本県尚武会のように、全国組織の大日本武徳会の組織に合体して行くものもあった。こうして各地区の尚武会は、軍の外郭団体としての性格を持ち、軍人の援護団体であるのみならず、従軍者家族の援護活動まで進めて行った。こうして、日清戦後の社会は、戦時の際以上に軍国ムードに彩られてゆく。とにかく、諸団体は熱烈に「武士道」を説いたのである。

明治三十年、さまざまな意味で日清戦争の中心的存在であった陸奥宗光が、五十三歳で世を去った。時代は日露戦争へ向けて、流れ始める。

その間、日本国内は産業革命の大波に揉まれ、明治三十四年五月二十七日には、国鉄山陽本線が開通し、十一月十八日には八幡製鉄がいよいよ作業を開始した。その一方で、明治三十年三月、足尾鉱毒の被害に遭った人々が東京に向けて陳情活動を開始し、明治三十二年六月には福岡県の豊国炭坑ガス爆発で、死者二百十余人を出した。

なお、これは産業革命と直接の関係は無いが、明治三十六年、東京の一高生藤村操が日光の華厳の滝で投身自殺をはかった。その後、明治四十年七月までに、華厳の滝への投身者は百八十五名に及んだ。

しかし、時代は日露戦争へ突入せんとしていた。原田敬一氏は『日清・日露戦争』（岩波新書、平成十九年）で、ロシアの満洲占領に触れて、次のように説明をしている。

一九〇〇年六月以降、義和団の勢いは満州に達し、東清鉄道の破壊や守備兵との衝突など、ロシアの権益を排除しようとする動きが強まった。ロシア政府は七月、満州出兵を開始し、一〇月には全満州を占領した。

ロシアの満州侵攻は利権獲得に進むという判断をした小村寿太郎駐露公使、林権助《ごんすけ》駐韓公使らは、韓国問題のみをロシアと交渉してきた方針を捨て、満州問題と韓国問題をセットにし（満韓不可分）、相互に満州と韓国を完全確保する（満韓交換）という新方針を考え出す。韓国問題を日本に有利に解決するためには、満州問題を引き込んで対等の問題として交渉しなければ、ロシアの譲歩は得られないとする分析だった。ロシアの利権を黙認する代償に韓国を確保する、という考え方には、ロシアの満州占領は日本の危機である、という後の日本が大義名分とする判断はない。また政府首脳や元勲は、ロシアの満州侵出に危機感を抱きつつも、それへの対抗を考えていない段階だった。イズヴォリスキー駐日ロシア公使は、韓国を二分して、日露両国が出兵し義和団に対抗する案を申し入れてきたが、青木外相が反対した。その後の対処をめぐって内閣はまとまらず、九月に第二次山県内閣は総辞職する。

政友会を基盤にして、一〇月、第四次伊藤博文内閣が発足し、外相には外務官僚加藤高明が就任した。加藤外相は、成立したばかりの英独協商（揚子江協定）に参加すると発表した。この協商は清国の門戸開放・領土保全を定めていたので、その圧力でロシアの軍事侵攻を阻止する考えだが、満州に不適用となったため、目論見は失敗する。

翌一九〇一年三月、伊藤は、山県・西郷・松方を集め元勲会議を開いた。会議は、ロシアは英独の反対を押し切って実力行動に移る可能性はない、と満州情勢を楽観視して、日露協商を交渉する一方、清国南部への侵出・確保をめざす、という「北守南進論」を再び採用した。（一九八～一九九頁）

要するに、日本は日清戦争に勝ちはしたが、台湾一島から上がって来る権益など知れたものであった。その上、貧しい国内から絞り上げる税金には限度があった。たとえば、シベリア鉄道を完成し、強大なバルチック艦隊を擁するロシアなどと比較すると、日本はまことに小国に過ぎなかった。それでも日本国内から盛り上がってくる「ナショナリズムの興隆」に対して、日本政府の要人たちは如何に行動するか、苦悩していたのである。その日本の姿をヨーロッパの列国が虎視眈々と見守るというのが、この時代の姿であったと言ってよい。

もうしばらく前掲の『日清・日露戦争』二〇〇～二〇二頁に基づいて見てみる。

一九〇一年、つまり、明治三十四年九月、清国は列国十一ヶ国との間で「辛丑条約（北京議定書）」の調印を行った。その内容は、

一、列国への謝罪使派遣
二、兵器弾薬・製造資材の輸入禁止
三、賠償金四億五千万両の支払い
四、公使館防衛のため各国軍総計二千人の配置
五、ターク一砲台等の撤去
六、天津、山海関、北京等要地への各国駐兵権
七、通商航海条約の改定

など、十二ヶ条に及ぶ厳しいものであった。このために、清国は経済的にも軍事的にもいっそう窮地に立たされる結果となったが、清国の実情を知った諸列強は、清国に対する圧力をかえって手控え、圧力の裡にも清国政府を支持する方向で、政策修正をしていった。巨額の賠償金も、その後、性格を変えることになった。

日本は明治三十四年六月、伊藤内閣総辞職の後を受けて、第一次内閣を組織した桂太郎陸軍大将の「政綱」は、

一、財政強化
二、八万トンを限度とする海軍の拡張
三、欧州の一国と協約を締結する
四、韓国は我が保護国たるの目的を達成する

ことなどとし、外務官僚の「満韓不可分＝満韓交換論」を、事実上、承認することとなった。政府はこの方針に基づき、伊藤博文をロシアに派遣し日露協商の交渉を、林駐英公使に日英同盟の交渉を開始させ、両国には他の交渉を秘密裡に進めるという二股交渉が、九月十一日の桂・伊藤・井上・山県の会談で決定された。日英同盟か、日露協商ではなく、英露と協調して両方とも成立させ、韓国を確保するという方針であった。

第六章　生い立ちと北清事変

この評伝を書くにあたって、その中心的資料となったのは前掲した『下村信貞追想録』（下村信貞追想文集刊行会、昭和五十六年、『追想録』と略称する）である。今回はその第一章にあたる三男・下村利雄《としお》の「兄信貞と私」を中心に話を起こすことにしたい。

兄信貞は福岡県築上那千束村（現在豊前市千束町）に、明治三十二年三月一日下村政雄の二男に生れた。私は三男で、三歳下の弟である。小学校の頃の兄は普通の田舎の男の子として一般の子供と同じ様に思うまま野山を馳せめぐる自然児であり、又近くの子供達の遊びのリーダーともなっていた。春ともなれば、釣りの好きな父は兄や私を連れて隣村の池に鮒釣りに出かけた。（中略）腹が空くと父の目をかすめて近くの蚕豆の畑にもぐり込み、若い莢に入った豆を生のまま食べた。青くさい匂いなど問題でなかった。これを我々は「とんかち参り」と暗号をつけていた。夏には二キロほどのある周防灘の宇島海岸へ私達を連れてよく泳ぎもし、秋には山の柴栗を剥ぎ、帰りには道の辺りの甘藷を掘ったりした。冬は友達と近くの山へ行って竹を伐り出し竹馬をつくって凱旋将軍の様に村へ帰った。特に、喧嘩独楽がうまかった。自分で木の大きな独楽をつくり、山梔子の実の黄色を塗って友達の独楽を打ち負かしていた。

室内遊戯ではトランプ、カルタ等一と通りのうまさであったが、殊の外将棋が強かった。隣の井上と云う爺さんなど将棋を自慢にしていたが、兄には歯がたたなかった。将棋や碁は後年相当の腕前であったと聞いている。（『追想録』十九頁）

そこで、ひとまずその下村家の位置を説明することとする。国道十号線と県道三十二号線が交錯する地点を、われわれは普通「千束四辻《ちづか》」という。この地点から求菩提《くぼて》山方向へ約百メートルほど進むと、その右側に下村家がある。入り口が二つあって、左側が通常の玄関口で「楓庵」という表札が懸けられている。手前は二十坪ばかりの旧館があり、奥に約五十坪ばかりの新築の住居があり、庭内は五百坪を越えるほどの広さがある（現在はいずれも残されていない）。

この下村家からさらに百メートルほど進むと四差路があり、「豊前病院」の標識があり、そこを左折して百メートルも進むと「ちづか保育園」に至る。その右側に広大な森があって、ここが「千束八幡神社」の境内である。

この境内に読者を案内したのは、それなりの目的があってのことである。ここには下村利雄の俳句碑があり、少年時代には毎日のように遊び場となった所でもある。句碑には「ふる里の古みちたのし初詣」という作品が彫り込まれており、「非文《ひぶん》」と記名されている。この「非文」は、下村利雄の俳号である。彼は明治三十五年に生れ、高浜虚子、松本たかしに師事。昭和二十四年ホトトギス同人、同三十九年山茶花《さざんか》主宰となった。

次に千束八幡神社の由緒を、句碑の向かい側に建てられている豊前市教育委員会の説明文に従って、紹介しておきたい。

旭城跡《あさひじょうあと》（千束城《ちずかじょう》）　豊前市大字千束（平城）

千束八幡神社の敷地とその周辺が城跡です。江戸時代には現在の豊前市と新吉富村の一部は新田藩と呼ばれる小倉藩小笠原《おがさわら》氏の支藩でありました。

藩主の居館は、領内になく小倉城下の篠崎《しのざき》にありましたので、篠崎藩とも呼ばれていました。

慶応二年（一八六六）に小倉藩と長州藩との戦いで、小倉城と篠崎邸ともに焼け落ちたため、当主の小笠原貞正《さだまさ》は、小倉藩主小笠原豊千代丸《とよちよまる》とともに田川郡香春《たがわぐんかわら》に逃れました。

その後、貞正は領内の当郡に来て、安雲《あくも》（新吉富村）の光林寺《こうりんじ》に入り、明治二年（一八六九）、塔田原《とうだばる》と呼ばれていたこの地に居館を構えることにしました。ここはかつて多くの古墳があり、その古墳の石を使って石垣を築き、明治三年（一八七〇）に完成して、旭城と名付けられました。

しかし時代は明治の新政府によって激動の時を迎え、明治四年（一八七一）の廃藩置県《はいはんちけん》さらに廃城令《はいじょう》が出される中、築城間もない旭城はその使命を終えます。短命であったこと、そして全国で最後に築かれた城と言う意味で、歴史にその名を残した城でもあります。

現在も城跡である千束八幡神社の周辺には多くの石垣が残されており、当時の名残りをとどめています。

豊前市教育委員会

明治十三年、この跡地に千束神社を建立し、さらに大正五年、塔田の御霊《ごりょう》八幡神社と野田の八幡神社を合祀して、千束八幡神社と改称して現在に至っている。祭神は八幡大神、仁徳天皇を始め六祭神を祀っている（昭和六十二年三月の豊前市教育委員会による「旭城跡」の看板に基づく）。

ところで、旭城にかかわることであるが、明治四年の廃藩置県令により廃城のやむなきに至るわけであるが、それまでに旭城を中心にして上千束、中千束、下千束、上塔田、中塔田、下塔田には小規模ながら武家屋敷が建ち、一種の城下町が形成され、士族屋敷が軒を並べていた。特に、千束の通りは「旭町《あさひまち》」と言われ、商人も移築して来て、町並みを成して行ったのである。いつの間にか、小規模ながら士族住宅を中心に商人や鍛冶屋などが寄り集まって町を形成したのであろう。

明治二十年には駐在所が設置され、二十七年千束村役場設置（村自体は二十二年に生まれている）、二十九年築上郡制実施、三十年豊州鉄道（後に九州鉄道を経て国有鉄道）宇島《うのしま》駅設置、三十三年組合立千束高等小学校開設とある。また、三十四年には築上郡立准教員養成所の開設、三十六年千束郵便局設置、という具合で、益々発展して行く。さらに明治四十三年には千束尋常高等小学校になっている。

下村家の子供たちが育った明治末から大正の初期ごろは、結構、千束四辻を中心に町らしくなっていた。大正六年には電灯がつき、実業補修学校なども開設され、村立図書館が建ち、定期バスの運行が始まった頃がいちばん賑わった頃であろう。

そこで、千東小学校校歌を次に書き抜く。

一、求菩提《くぼて》の山の谷深く
神秘の流れ岩岳《いわたけ》の
注ぐ周防《すおう》の波しずか
ここに我等は生まれいず

二、見よ旭城《きょくじょう》の神木立
千年《ちとせ》のみどりいや深く
歴史は遠し大宮居
ここに我等の徳はなる（以下、三、四番略）

私も、この千東小学校に昭和二十年一月から昭和二十四年三月の卒業まで、三年三ヶ月在籍した。旧旭城の馬場であった一万坪あまりの広大な敷地を有する豊前市一の小学校である。特に運動場は北から南へ百メートルの直線コースが敷けるほどの広さがある。

ただ、この校歌は作詞者も作曲者も不明で、あまり出来がよくない。仏教史跡として有名な求菩提《くぼて》山は、標高八百余メートルの低い山で、岩岳川はその奥の犬ヶ岳（標高千メートル余）の麓から流れ出ている。周防灘まで全長二十キロあまりの二級河川である。二番の「旭城神木立」も赤松林だったが、松食い虫にやられて枯れてしまった。今はその後に植えた檜が中心である。とても「千年の緑」とは言いがたい。「歴史は遠し大宮居」もせいぜい百年余ぐらいのことである。別に悪口雑言をいうつもりはないが、下村家の少年たちには良き遊び場所だったことは間違いない。下村非文の句碑の作品「ふる里の古みちたのし初詣」の背景を成す心情は、少年時代の思い出に発するものが大であるに違いない。

さて、そこでまた下村利雄の回想に帰る。兄の信貞についてである。

学校での学科は唱歌以外何でもすぐれてよく出来た。中でも作文が得意であった。小学校六年生の頃、大分県下毛郡の耶馬溪へ修学旅行に行った際の紀行文は名文として担当の先生を驚嘆させたと聞いている。私も小学校時代にその文章を読んだが、耶馬溪の羅漢寺の情景が生々と美文で描写されていたと記憶する。（『追想録』一九〜二〇頁）

回想はここでひとまず中断して北清事変に少し触れておきたい。これは後の満洲篇を書くに当たり、大きな要因になるからである。前掲した『日本の歴史22　大日本帝国の試煉』（中公文庫版、昭和四十九年）の中で隅谷三喜男は次のように述べている。

日清戦争が世界の列強の前に明らかにしたことは、清国はもはやいつ目をさますかしれない「眠れる獅子」ではなく、生ける屍だということであった。かれらの地図にものっていないような極東の小帝国日本に、抵抗らしい抵抗一つもできずに敗北を喫した大清帝国の無力さに、列国はひととき唖然《あぜん》としたが、つぎの瞬間、死屍に群がる禿鷹《はげたか》のように獲物に飛びかかった。実は日清戦争をきっかけにして、清朝は経済的にも列国に頭があがらなくなっていた。戦争中の外債や賠償金などのために、関税その他の利権を抵当にして、英独仏露の諸国から三億七千万両《テール》も借款をうけていたからである。

このような状況にあったとき、まず獲物にとびかかったのは、ひさしく機会の到来を待っていたロシアであった。ロシアは独仏をさそって講和条約に介入し、日本に遼東半島を還付させただけでなく、フランスと相談して日本への第一期賠償金一億両を清国に貸与することもした。こうして清に恩誼と友情を売ることによって、ひそかにシベリア鉄道が北満を通過する権益をえようとしたのである。（二一五～二一六頁）

引き続き、同書二一六～二三五頁に基づいて、当時を見ていく。

日清戦争前に日本を親善訪問したロシア皇太子ニコライは、明治二十七年（一八九四）に即位して、ニコライ二世となっていた。清国の李鴻章は遣露大使として、ニコライ二世の戴冠式に参列したとき、ロシアの大蔵大臣ウィッテは巧みに李鴻章を篭絡《ろうらく》して、鉄道の通過権はもちろん、日本を対手とする攻守の密約さえ結んでいた。もっとも、ロシアのその後の行動から、清朝側もこの密約をあまり期待しなかったが、ロシアにしてみれば、以後、東清鉄道の建設に着手することができたから、密約は有効であったことになる。

ロシアだけでなく、ドイツも清国に売った恩誼を無駄にしようとはしなかった。ドイツはそれまで極東に根拠地を持たなかったので、中国の一港である膠州湾《こうしゅう》に目をつけた。ちょうどそのとき、山東省で二人のドイツ人宣教師が殺害された。そこで、ドイツ皇帝はただちに上海のドイツ艦隊司令官に命じて膠州湾を占領させ、九十九年間の租借を清朝に承認させた。これが無理難題であることは、誰の目にも明らかであった。これで、極東の情勢は緊張状態になった。

そんなときに、ロシアも露国艦隊を勝手に旅順港に入れて、居座ってしまった。その上で、清国の保護を名目に旅順・大連の長期租借を要求した。その上、イギリスも抵抗力のない清国から威海衛《いかいえい》租借の権益を望んだ。さらにロシアは、遼東半島の二十五年租借および長春・旅順間の鉄道敷設権までもぎとり、満洲経営を一歩進めた。日本は、それを指をくわえて傍観するしかなかった。

そうなると、今度はフランスも黙っていなかった。自己の勢力下にあるベトナムと隣接する雲南への鉄道敷設と南部三省における鉱山開発権、広州湾の九十九年間租借と権益を清国からむしりとった。こうなるとイギリスも負けてはいず、香港対岸の九龍《クーロン》地区の租借を要求した。

こうして一波は万波を呼び、中国は要所要所をむしりとられた。イギリスには揚子江沿岸一帯、フランスに広東・広西・雲南三省、ドイツに山東省、ロシアに満洲全土を押さえられて、中国は何の抵抗もできなかったのである。

何もできなかったという点では、日本も同様であった。日清戦争で疲弊した上に、三国干渉で押さえつけられ、孤立したままであった。

このような各国の動きの中でアメリカは、紳士的に中国の門戸解放とその機会均等を主張した。大陸の一部を削り取るより、列強の勢力圏に対して機会均等を要求する方が有利と考えたからである。こうして中国の本土は、欧米帝国主義のもとで半植民地化していったのである。

ところが、そのような状態のなかで腐敗してゆく中国社会では、生活に窮迫した農民たちの流亡や、地域的な暴動がたえなかった。かねてから、ヨーロッパ文明の侵入に反感を抱いていた中国民衆の憤懣は、発火点に達していた。そのころから「義和団」と呼ばれる集団の運動が、山東省を中心に急激に活発化した。義和団は最初「西教排斥」であったのが、やがて「興清滅洋《こうしんめつよう》」に変わる。それは、清朝内部の旧守派と義和団が通じるところで、外国資本主義の浸透に苦しんでいた農民や下層労働者の不満を吸収して、雪だるまのようにふくれあがっていく。つまり、これが「北清事変」の内実であった。

明治三十三年六月に入ると、北京—天津間の鉄道が破壊され、北京在住の外国人が孤立する。日英露独の連合海兵二千が北京救援に向かったが、義和団は銃弾が当たっても死なないと信じて猛進するので、陸戦隊は立ち往生する始末だった。六月中旬、外国軍艦が清国砲台を砲撃し、日本兵が先頭に立ち占領すると、清朝の態度が急速に硬化し、今度は義和団を利用して、人民軍を鼓舞し、国をあげて諸外国と戦うことになる。日本一国にも勝てなかった清国が、列強に対して宣戦布告をする。

日本政府はイギリス政府の要請で、一個師団の出兵を余儀なくされる。しかし、こうして「北京占領」までは協力した列強は、最後はお互いの利害が対立し、清国の責任者の処罰と四億五千万両（テール）の賠償金が決定するのは、明治三十四年九月のことであった。しかし、北清事変で得をしたことは、日本も列強への仲間入りができたことだ。

だが、ロシアのウィッテの「回顧録」によると、陸相クロポトキンは北清事変に際して、「これはわがロシアには満洲占領の絶好の口実になる」と言ったそうである。義和団は満洲にまで勢力を伸ばしていたから、ロシアはぞくぞくと大軍を満洲に送り込んだ。ロシアはその目的が「鉄道の保護のためだ」と言い訳したが、清朝の代表を首都に呼んで、満洲における独占的な権益を確保しようとしたのである。

これに対して、清国の領土保全を旗印にしてロシアに強硬に反対し、清国政府がそのような協定に調印しないように働きかけたのは、他ならぬ日本であった。とりわけ働いたのは、駐清公使から外務大臣に昇格した小村寿太郎であった。日露戦争後に、アメリカのポーツマスで活躍する小村その人である。

李鴻章の死後、清朝代表となな慶《けい》親王は、度々小村寿太郎から情報と忠告を得て、満洲還付に関する「露清協定」に漕ぎ着けるが、結果的にはロシアに軍隊駐留の口実を与えることになってしまった。こうして、日露戦争の発端は徐々に近づきつつあったが、そのロシアの行動に不安と不信を抱いていたのは、他ならぬイギリスであった。

「露清協定」に対して、日本が意外に強硬な態度を示した背後には、イギリスの無言の同意があったからである。だが当時のイギリスは、ボーア戦争で国力を消耗し、その強引な帝国主義的政策のために、国際的にも非難を受けることが少なくなかったので、その後始末のため、力を極東にそそぐことができなかった。そのとき、極東における協力者として日本が浮かびあがってきたのである。日本国内でも、三国干渉で日本が国際的に孤立していることをさまざま見せつけられて以後、日英同盟の構想が話題になった。

ところで、話は二年ほど遡る。ときは北清事変で騒動している頃、康有為《こうゆうい》がことやぶれて香港にはしったとき、そこで日本への亡命について一切の面倒をみたのは、東亜回天の大志望を持って香港に行き、ひそかに孫文一派の興中会と連絡をとっていた宮崎滔天《とうてん》であった。そのしばらく前、滔天が初めて横浜の宿に孫文を訪ねると、孫文はその民主・民権の思想を説き、「支那四億万の蒼生を救い、亜東黄種の屈辱をすすぎ、宇内の人道を回復し擁護するの道、ただ我が国の革命を成就するにあり」「諸君もまた力を出だしてわが党の志望を助けよ」と熱心に訴えた。滔天は「言々《げんげん》理義を貫き、語々風霜を挟《さしはさ》み、また箇中《こちゅう》おのずから熱情の燃えて溢るる如きもの」(以上の引用はいずれも宮崎滔天『三十三年の夢』岩波文庫版、平成五年、一八二〜一八三頁)があるのにすっかり感動し、生涯を孫文の革命運動に捧げることになる。

もっとも、そのころは孫文の民主革命と康有為の変法との区別もつかず、ひとまとめに中国革新運動と考え、康有為の日本亡命にも力を貸したのである。ともあれ、このころにはまだ日本人の心の片隅に、中国にたいする敬意と親しみとが息づいていた。

義和団事件で清朝が動揺しはじめると、孫文らの革命運動もにわかに活気を呈しはじめた。宮崎滔天は『三十三年の夢』で次のように書いている。

明治三十三年六月、孫君、余らと横浜を発して香港《ホンコン》に向うや、あらかじめ令を広東《カントン》の部将に伝えて、壮士六百人を三州田《さんしゅうでん》の山塞《さんさい》に召集すべきを命じ（中略）船香港に着するに及んで、ほぼ布置施設の号令を発し、孫君はこれよりサイゴンを経てシンガポールに向い、余らは香港の事をおわりてシンガポールに直行し、ここに落ち合いて諸般の方針を一定し、再び踵《くびす》をかえして香港に回航し、間道《かんどう》より密行して三州田の山塞に入らんことを擬《ぎ》せり。これ実に大体の方針なりき。（三四二頁）

ところがシンガポールに着くと、滔天らはたちまち官憲に逮捕され、裁判の結果、政庁管内から五年間の追放となる。このころ、康有為は日本を去り、シンガポールに亡命していたが、このときたまたま、清朝旧守派に依頼された日本の刺客がシンガポールへ向かったという報道があった。風体あやしげな滔天らの荷物を検査すると、日本刀二ふりと三万円の大金が出てきたので、刺客に間違いないということにされてしまったのである（前掲『大日本帝国の試煉』二三一～二三二頁に基づく）。

こうして、香港へも上陸がゆるされず、やむなく孫文も滔天らも日本に帰って来なければならなかったのである。

第七章　日露戦争前夜

はじめに河合敦著『知られざる日本の偉人たち』(大和書房、平成二十四年)一六四頁以降に基づいて、この問題を見ていく。

明治三十年（一八九七）、林董《ただす》は駐露公使に任じられた。林が中露公使に着任する前年、日本はロシアと小村・ウェーバー覚書を締結していた。日清戦争後、朝鮮政府がロシアに急接近したため、日本は実力者の閔妃《びんひ》を殺害した。すると朝鮮国王は、ロシア公使館に逃げ込み、ここで親露政権を樹立した。

驚いた日本は、小村寿太郎・駐朝鮮国公使とロシアのウェーバー駐朝鮮公使のあいだで、覚書を取り決めた。これは、朝鮮国王の帰還を日露両国が朝鮮政府に忠告するという、妥協的内容のものであった。

さらに、日露の朝鮮における利害関係を調整する山県・ロバノフ協定を結ぶ。

だが、ロシアは、いずれも誠実に協定を守ろうとしなかった。

着任早々、林は、大隈重信外務大臣の訓令を受け、ロシアが山県・ロバノフ協定に反し、士官と財政顧問官を朝鮮政府に送った行為について、ムラビヨフ外相に強く抗議した。

ところが、ムラビヨフは「それは先任のロバノフ外相がやったことだから、自分は関知せぬ」ととぼけるなど、さまざまな言い逃れをしたのだった。

こうした対応に、林はますますロシアに嫌悪感を持つようになる。

翌年、ムラビヨフは、ロシア皇帝の内命だとして「朝鮮に関する協定を日本と結びたい」と申し入れてきた。林は、もし日露双方が朝鮮半島から手を引くという趣旨の協定を結ぶとなると、朝鮮との関係でいえば日本の方がずっと深いので不利になると考えた。

そこで、両国が互いに朝鮮に顧問を出したらよいだろうと思い「ロシアが軍事顧問、日本が財政顧問を担うことにすべきだ」とする意見を外務省に打電した。

だが、東京における交渉で「日露両国は朝鮮への干渉をやめ、同国の依頼によって顧問を派遣するときは、事前に通告して承認を得る。」という西・ローゼン協定が締結されてしまった。これは、林の危惧をロシアが機先を制して封じたようなものだった。

日本が朝鮮への干渉をやめても、ロシアが協定を守るはずがないと林は考えていた。だからこそ、日露が互いに朝鮮から手を引くという消極的な案ではなく、いかにして朝鮮における日本の影響力を保持するか、という視点で考えていたのである。

しかし、外務省は林の意見を取り入れず、ロシアと協定を結んでしまった。案の定、明治三十三年になると、ロシアは対馬に近い朝鮮沿岸にある馬山浦の買収に乗り出すなど、合意を無視する動きを見せ始めた。

たとえば、シベリアのウラジオストクなども、もともとの意味は「東方進出」であるから、南下するロシアの野望を如何にして阻止するかというところに日本の対応はあった。

明治三十三年二月、林は駐英公使に転出した。それから二年後、日本はイギリスと日英同盟を締結し、ロシア南下阻止の布石を打つことになる。この日英同盟の中心的な役割は日露戦争を開始するにあたり、イギリスにその後ろ盾になってもらわんがためではない。

開戦前のロシアは、陸軍の兵力が日本の約十五倍、海軍は二倍以上であり、到底、戦ったとしても勝ち目のある相手ではなかった。そのような意味で、あくまでも日英同盟は、朝鮮半島にロシアの勢力がこれ以上は入らないようにするために、一種の牽制として結ばれたものである。

明治三十三年、清国内で、義和団の乱が起こった。すると清国政府は、この反乱軍を利用して、列国を国内から排除しようと企んだ。このため、北京の列国公使館は危機的な状況に陥った。このとき、列強諸国は連合軍を結成して、義和団を鎮圧した。

ところがその後、ロシアは清国と密約を結び、満洲での鉄道敷設権を手にいれたのである。かつて無理やりロシアが日本に返還させた遼東半島も、ロシアの支配下に入ってしまった。

これは、ロシアの南下を恐れる日本にとっては一大事であった。さらにロシアは、引き続き朝鮮半島にも侵出する動きを見せた。このとき、日本はそのロシアに対して、何ら有効な手立てを打つことができなかった。

この段階で、日本政府の高官たちは、外交方針をめぐって二つに割れる。伊藤博文は、ロシアの満洲における権益を認めるかわりに、日本の韓国における権益を認めさせる「満韓交換論」を唱え、日露協商の道を模索していったのである。

大国ロシアと戦うわけにはいかない。日本を危機から救うには、何としてでもロシアと協調を図るしかない。そうした悲痛な思いを抱いていたのだ。

一方、成立したばかりの桂太郎内閣では、「日英同盟論」が台頭していた。それは、林駐英公使の働きかけが大きく関係していた。しかし、なかなか同盟の糸口はつかめなかった。

そこに、林の意向を知った列強のひとつ、新興国ドイツが近づいてきた。ドイツは、本国が露仏両国と国境を接している。そのため、軍事大国ロシアの関心がヨーロッパではなく、アジアに向くことが望ましいという思惑があった。ただ、黙ってロシアの勢力拡大を許したわけではない。自らも勢力拡大を目論むドイツは、したたかに立ち回った。なんと、ライバルでもあったイギリスに、対ロシアを想定した同盟を持ちかけたのだ。

中東などでもロシアと利害が対立していたイギリスは、南アフリカで起こったボーア戦争のために、アジアの権益を守る余力はなかった。そこでイギリスは、ドイツとの同盟に前向きな姿勢を見せた。

それを受けて、明治三十四年（一九〇一）三月、駐英ドイツ大使は、林駐英公使に日独英同盟を持ちかけたのである。日英同盟論を持論としていた林には、この申し出は願ってもないものだった。もし三国同盟が成立すれば、日本は英独の力を借りて、ロシアの脅威に対抗できる。イギリス外相のランズダウンからも手応えを得た林は、日独英の同盟こそがロシアを抑える最良の手段だと信じ、日本の外務省に三国同盟こそ最高の方法だと訴えた。

おそらく、林は語学にも堪能だったに違いないが、小国日本が大国ロシアと対等に交際するには、大英帝国の後ろ盾が必要だと考察した独特の林の外交判断にこそ堪能な手腕を感ずる。さすが陸奥宗光の推薦を受けただけの力を有していたと見るべきであろう。

しかし当時、ドイツはまだしも、イギリスとの対等な同盟は、現在のわれわれが想像するより、はるかに考え難いことだった。

だから、日本国内でも日英同盟を望む声はあったものの、二等国の日本を大英帝国がまともに相手にするとは考えなかったのである。しかも、どこの国とも同盟を結ばず「栄光ある孤立」を標榜する英国が、日本などをまともに相手にしてくれるはずがないと考えていたのである。

特に、伊藤博文や山県有朋などの元老は、そうした意識を強く持っていた。しかし、「小壮内閣」と過小評価されていた若手閣僚たちは、もっと柔軟に国際情勢を読んでいた。つまり、山が動き始めていたのだ。実は、イギリス自身が日本を高く評価していたのだ。その契機となったのが、義和団の乱に対し、日本軍が連合国として参加し、乱の鎮定に最も貢献したことへの評価である。英国は、日本の軍の綱紀が厳正であることを見抜いていたのである。その様子が『ロンドン・タイムス』などで報じられたこともあり、イギリス人の日本への好感度や信頼度が一気に高まり、同盟締結の機運が育ちつつあったのである。

世界に冠たるイギリスと結びたい日本と、東アジアでロシアへの抑止力となる存在を求めるイギリス双方の利害が一致したのである。桂太郎内閣の閣僚たちも、日英同盟締結によって、ロシアの南下政策に抑止力が働くことを大いに期待した。イギリスが日本を強力にバックアップする以上、ロシアも態度を変えざるを得ないだろうと、そんな読みを持っていたのだ。

かくして、小村寿太郎外相は、イギリスとの交渉の全権を林駐英公使に委任した。林は、はりきって「日英同盟こそが、日本の危機を救う道だ」という信念を抱いて、猛烈に交渉を進めていった。

なお、ドイツは、日英のみでロシアに対抗させようと目論んでいたのか、途中で同盟の舞台から降りている。

以上は、河合敦著『知られざる日本の偉人たち』からの跋抄であるが、この林駐英公使は私には、恥ずかしながら未知の人物であった。次に紹介するのは前掲した大濱徹也著『明治の墓標』からの引用である。「シベリアの日本人・対露諜報戦の展開」から書き抜くことにする。

明治三十年（一八九七）、ウラジオストクに西本願寺の布教師として来たのが清水松月で、彼は在留邦人の心の友として良き助言をした。松月がハバロフスクに滞在していた時、西岡庄吉方の娼婦が「妾《わたし》はあなた様を仏と思ひお願ひいたします。妾は西伯利亜《シベリア》の遠い〳〵奥地に売られることになって居ります。私は最早再びなつかしい日本を見ることも、いとしい両親に逢うことも出来ない破目に陥りました。御慈悲でございます。どうかお助けを願います……」（『報徳会三十五年史』）と訴えてきたため、彼は楼主にかけあい、女の籍をぬいて国元へおくりとどけたという。このように、彼の手で苦界から救われた女はかなりの数にのぼった。

松月は女のよき友として働くとともに、熱心な布教の旅をシベリアの奥深くにまで試みている。明治三十二年（一八九九）の冬まで三カ年の滞在中に、彼は東部シベリアの各地、ボシェット、ニコリスク、ハバロフスク、ニコライエフスク、ブラゴヴェシチェンスク、チタ、ウェルフネウージンスク、イルクーツクへ、また蒙古のキャフタから吉林《きつりん》、長春《ちょうしゅん》、満州里《まんちゅり》、売買城《まいまいじょう》などにまで足をのばした。この旅は、ウラジオストクに拠点をもつ一布教師の旅にしては異様なものに思われようが、まことに僧清水松月こそは、陸軍参謀本部の大尉花田仲之助の仮の姿にほかならない。彼は、ひそかに川上操六の内命をうけ、僧に身をやつしてシベリアをめぐるロシアの動向を探っていた一人である。

川上操六は、日清戦争後いち早くロシアとの対戦を予想し、ヨーロッパとシベリア・満州の地に広く配下の若い将校を派遣して、ロシアの内情を探っていた。すなわち、その任についていたのが田村怡与造《いよぞう》・伊地知幸介《いじちこうすけ》・伊藤圭一・大迫尚道《おおせこしょうどう》・宇都宮太郎・明石元二郎・山梨半造・田中義一・広瀬武夫らの陸海軍の俊英であった。彼らは、明石がロシアの社会主義者らと誼《よしみ》を通じ、ロシアの内乱工作を試みたように、各人が己の才覚で、まさしく強く生きようとした。

花田仲之助は、万延元年（一八六〇）六月に鹿児島で、薩摩藩奥侍医を勤めたこともある幽斎を父として生まれた。明治十年（一八七七）、十六歳の身であるにもかかわらず、西郷軍の一員として西南戦争に参加し、その後上京して、明治十三年（一八八〇）に陸軍士官学校に入学し、軍人としての途を歩んだ男である。このような経歴を秘めたまま、花田はウラジオストクの荒寺で「僧侶」としての生活をしていた。いわゆる僧清水松月の寺には、参謀本部所属の軍人の姿が再々みられたが、彼が僧侶であることを疑うものはいなかった。僧としての徹底ぶりは、同僚たる田村怡与造をして、「この三年の間、君は本部に対して務めを果しておらん。それは君自身が一番よく知っとるはずだ。どうだ、軍人の務めを果すか、坊主になるか（石光真清『曠野の花』）と激怒させたほどである。

このとき立ち会った石光真清《いしみつまきよ》にしたところで、三国干渉の怨をそそがんと、軍を休職して諜者となった一人にほかならない。彼らの諜報活動をささえたのは、シベリアはいうにおよばず、遠く大陸の奥深くにまで足をのばしていた女たちであった。彼女たちは身を鬻《ひさ》ぐなかで、寝物語に客から得たロシア軍関係の情報をもたらしてくれたのみならず、その居場所を宿舎として提供してくれもした。これら女たちの献身的な努力がなくしては、花田や石光らの功績を語ることはできない。

ロシアとの対決を予想して諜報活動にはいった者には、軍のみならず、広く民間の有志者たちがいた。石光が、ウラジオストクからニコリスクへの車中で会った日本人笹森儀助はそうした人物の典型である。

儀助は、青森県弘前の出身で、県吏として地方行政に参画し、明治十年代には東奥義塾による本多庸一らの民権派と鋭く対立した保守派の筆頭にいた。彼は、弘前事件で退官後、野牧社をおこして士族授産に心をつくしたが、民党が支配する第一回帝国議会の姿を憂慮し、「単身日本全国を踏査して国政のあり方を考え、国防の方策を練ってこれを朝野に訴えん」という新なる野心」（斎藤康司『笹森儀助』）にもえ、明治二十四年（一八九一）四月から六月にかけ西南地方、二十五年（一八九二）八月の千島探検、二十六年（一八九三）六月から十月の南島探検と足をはこんだ。とくに、南島探検ではその名を高め、柳田国男をして「不世出の大旅客」といわしめたほどである。明治二十七年（一八九四）奄美大島島司に就任し、明治三十二年（一八九九）には朝鮮にわたり、東亜同文会が北鮮の地咸鏡道《かんきょうどう》に開設した北韓学堂の学長に就任した。そして北鮮一帯から南満州にかけ親日派勢力を養い、日本への友好的雰囲気をかもしだそうと民心の収攬《しゅうらん》に励む一方、ロシアの動静を把握することに努めた。学堂経営が不振であったため、儀助は明治三十四年（一九〇二）六月に帰国するが、それまでの間に三度の旅を試み、その第三回目がシベリア行であった。

対露戦への備えは、笹森儀助のような野にあって官につらなるものたちが曠野の人柱となることにより固められていったのである。（『明治の墓標』一一三～一一六頁）

いわゆる「満洲浪人」と言われた人々を含めて、相当な数の人々が大陸を彷徨していたにちがいないのである。たとえば「露探」と呼ばれた人々もふくめて、官民両方の人種が動いていたわけである。

後年、下村信貞が務めた「満洲国外交部次長」などという位置も、多分、ソ連の後方スパイとの戦いの中心点であったにちがいない。それゆえに、シベリアに連行されて後も、ソ連秘密警察の網の目から逃れられなかったのであろうと想像する。そのような意味で、明治期のスパイ戦も興味深いものがある。

さて、話が「対露戦」の中心点からそれて来たようである。そこで、前掲した原田敬一著『日清・日露戦争』を引用して、概略を確認することにする。一九〇一年から二年に関することである。

英国との交渉は十一月に急速に進展し、桂や山県は、まず日英同盟の妥結を図る方向に変わっていく。伊藤のロシア行きを知った英国が、二股交渉だと疑っているのを知ったからである。桂は、伊藤にロシアとは協議にとどめるように打電した。伊藤はラムズドルフ露外相と交渉を開始するが、うまくいかなかった。一方、日英同盟は進捗しており、一二月元勲と桂・小村の会議で日英同盟修正案を承認し、天皇の裁可も得るまでに至った。

翌一九〇二年一月三〇日に日英同盟は調印される。その内容は、①清国と韓国の独立と領土保全、②第三国が参戦した場合にのみ同盟国との協同戦闘の義務、という事実上の軍事同盟であり、同時に日本が韓国に特殊権益を持つことをイギリスに承認させるものだった。（中略）

雪中行軍（一九〇二年一月の八甲田山事件）で予想される大陸での戦争が始まるのか、大英帝国との同盟によりロシアが軟化し、平和を維持できるのか、議論が盛んになっていく。

北京議定書調印後も、ロシアは満州から撤退しようとしなかった。ロシアは列強の非難を受け、ようやく一九〇二年四月八日、満州撤兵協約が露清間に調印される。ロシア政府は六ヵ月ごとに三つの地域から撤兵する内容だった。一〇月八日までの第一次撤兵は行われたが、翌年四月八日期限の第二次撤兵は実行されなかった。ロシア政府の勢力交代と極東政策の転換が原因だった。四月二一日、山県の別荘・無鄰庵《むりんあん》（京都南禅寺）で山県・伊藤・桂・小村の会談が開かれ、「我は韓国において充分の権利を要求し、その交換として満州においては、彼にその経営の緒に就きたる範囲において、優勢なる譲歩をな」す、と決議した（中略）。「公平なる理論の根拠」による満韓交換論、というのが桂たちの考えだった。

六月二三日、元勲と主要閣僚を集めた御前会議が開かれ、小村外相の提案した「対露交渉に関する件」を承認した。小村提案は四月の無鄰庵会合を受け、ロシアと交渉して「韓国の安全を図り随《したが》て又満州における露国の行動を可成《なるべく》条約の範囲内に限」る日露協商案要領で、交渉路線を継続する決定である。日英同盟と日露協商という多角同盟・協商網への模索はまだ続いていた。陸軍では、この年に至っても大陸への攻勢作戦は研究案程度であり、田中義一《ぎいち》参謀本部員のような対露攻勢作戦は少数派で、大山巌参謀総長や松川敏胤《としたね》参謀本部第一部長などは朝鮮半島で迎撃する作戦を考えていた。海軍でも、山本権兵衛《ごんべえ》海相のように「韓国の如きはこれを失うも可なり。帝国は固有の領土を防衛すれば足れり」（谷寿夫『機密日露戦史』）と満韓問題を度外視する軍事官僚もいた。

第二次撤兵期限頃から、日本では対露強硬論が広がる。『東京朝日新聞』、『読売新聞』など多くの新聞が強硬外交に転じ、一九〇三年六月、東京帝大教授ら「七博士意見書」が、満州問題の解決には対露強硬外交が必要だと政府を督励した。貴族院議長近衛篤麿《このえあつまろ》、衆議院議員神鞭知常《こうむちともつね》、佐々友房《さっさともふさ》、頭山満らは、八月、対外硬同志会を対露同志会と改称し、明確に対露開戦を要求していく。開戦論に批判的だった『時事新報』や『中央新聞』も八月には、開戦論に転じる。

第三次撤兵期限の一〇月八日を過ぎても、ロシアが撤兵を実現しないことが明確になると、『毎日新聞』や『萬朝報』も開戦やむなし論に転じていった。一〇月下旬には徳富蘇峰の『国民新聞』も同調した。新聞各紙は、外交情報を正確に発表しない政府周辺で情報を探りながら、一般論としての対外硬から、主戦論へと陥っていった。（二〇二～二〇六頁。節のタイトル等は省略した）

第八章　日露戦争とその影響

日露戦争直前の流れは、前掲『大日本帝国の試煉』（二四七〜二五二頁）によると次のようなものだった。

明治三十六年（一九〇三）秋、ロシア皇帝ニコライ二世は、ドイツ皇帝が極東情勢の悪化について注意をうながしたとき、「朕は戦いを欲せず、ゆえに開戦の懸念なし」と答えた。それは世界の大強国ロシアが威嚇すれば、極東の小帝国日本などはちぢみあがるだろう、と確信していたからである。これに対し、一大決心をもって、この時点で戦争をやってでもロシアの進出を抑えなければ、将来取り返しのつかない悔いを残すことになると憂えたのは、元気のいい陸海軍の中堅将校や外務省の中堅外交官であった。

年末になると、ロシアとの外交交渉が岩礁に乗り上げたことが明白になった。日本政府は最後の決断を迫られた。そこで陸海軍にたいして、「何時なりとも出兵さしつかえないよう」準備を命じた。

翌、三十七年二月四日の御前会議は、伊藤・山縣・大山・松方・井上の五元老、内閣側から桂首相・小村外相・曽禰蔵相・山本海相・寺内陸相の出席により開かれ、ついに、次のような最後の断がくだされた。

この上時日を空過するときは、わが外交軍事共に恢復すべからざる不利に陥るべきは疑を容れず。事ここに到りては実に止むを得ざるが故に、帝国政府は自衛のため並に帝国既得の権利を擁護するため必要と認むる独立の行動をとるべきことを露国政府に通告し、併《あわ》せて軍事行動をとることを緊要なりと思考す（『大日本帝国の試煉』二四九頁より再引用）

御前会議の済んだ夜、伊藤枢密院議長から当時貴族院議員であった側近の金子堅太郎に、重大問題につき話をしたいから直ぐ来るように電話があった。駈け付けてみると、伊藤は安楽椅子に腰掛けて何か考え込んでいた。金子は、伊藤に「御用の趣《おもむき》は……」と、二度三度尋ねたが返事をしない。そのうちようやく、「きみ、腰を下ろしたまえ。わたしはまだ食事をとってないから、しばらく待ってくれ」とだけ言ったが、運ばれた食事も急いで食べようとはせず、粥を一杯とワイン一口を口に入れただけで、食事を下げさせた。そして、「今日午後、御前会議が開かれた。日露間の関係は戦争によって解決するほかはないこととなった。この場合、米国をわが国の味方にするのが良策と思う。もし、米国が露国に味方すれば由々しき大事である。それに、戦争は一年つづくか二年つづくかそれも不確定である。それで、君に米国に渡り、米国がわが国を援助するよう尽力してもらいたいのだ」と頼んだ。

だが、日米の関係に比べると、米露の関係は歴史的にも経済的にも、はるかに緊密である。金子はとても成功の望みが持てなかった。彼は一晩の猶予を乞うて考えてみたが、結論は同じであった。そのとき伊藤は、戦争の見通しと自分の決意について、金子に次のように語った。

今度の戦争は、陸海軍ともに成功の見込みはない。日本は国を賭《と》して戦うわけで、勝敗は眼中にはない。強大な露軍が朝鮮に侵入すれば、朝鮮はとられるかもしれない。陸軍は朝鮮で防戦する戦略であるが、十分な成算はたたない。海軍は旅順・浦塩《ウラジオ》（ウラジオストック）の艦隊と戦って沈没するかもしれぬ。露軍が大挙九州海岸に来襲することとなれば、自分も卒伍に列し、武器をとって奮闘するつもりだ。

今度の戦いに勝利を得んとするのは無理である。成功しようと考えるのでは駄目だ。尽くせるだけ尽くすのだ（『大日本帝国の試煉』二五〇〜二五一頁）

こうして金子は、アメリカ行きを説得されたのである。金子は出発に先だって児玉を訪ね、戦争の見通しを聞くと、児玉はこう答えた。

今のところは五分五分だから、わたくしはこれを四分六分にしようと、今日まで三十日間赤毛布にくるまって参謀本部内に起居して苦心している。そこで五度は勝報、五度は敗報の電報を受け

取る覚悟でいてくれ（同書二五一頁）

金子と同様にして、伊藤は女婿の末松謙澄をイギリスに送った。これらは、小村外相が伊藤と画策したものである。

小村は極東に危機が迫るにつれて、欧米列国がこれに干渉することを極度に警戒した。懸案の交渉を日露両国間に限るとともに、列国が日本に好意を持つように仕向けるために、あらゆる努力をはらった。日清戦争の際にも、陸奥宗光がもっとも苦心したのは列強との関係であったが、十年経ったこのときには、役者としての日本も一段格《かく》があがっていたし、相手はさらに大物で、舞台も大きくなっていたから、小村の苦心はひとしおであった。

三月に開かれた議会で、小村は日露交渉の発端から開戦にいたるまでの経過を報告したが、「四肢五体ほとんど肉なく、全身ただ骨と皮であったが、その厳正な態度、その心魂から発する語気、肺腑《はいふ》よりほとばしる熱誠は、満場の同情を一身に集め」（『機密日露戦史』、『大日本帝国の試煉』二五一頁より再引用）たと言われる。

小村は、とりわけイギリスとアメリカの協力を得る事に全力を尽くしたのである。前述の御前会議の席上、元老伊藤博文は、戦時財政について曽禰蔵相にかなり突っ込んだ質問をした。ロシアを相手にして戦争するには莫大な軍費がいる。それはどうすれば賄えるかは、日本が直面していたもう一つの深刻な問題であった。これを解決するには、どうしても外債を募集しなければならない。それにはイギリスとアメリカに頼るよりほかなかったのである。
以下は、前掲『明治の墓標』から明治三十七年の日露戦争開戦時に関する記述の引用である。

二月八日、陸軍は仁川《じんせん》に上陸し、京城をめざして進撃した。海軍は旅順港外のロシア艦隊を攻撃し、ここに戦いへの火ぶたがきっておとされた。(中略)

二月十日、天皇は宣戦の詔勅を出し、ロシア皇帝ニコライも対日宣戦を布告した。日本は熱狂の渦にとりまかれ、炬火行列《たいまつぎょうれつ》や旗行列が各所でくりひろげられた。『毎日新聞』は首都東京の様子を、「大勝利の大旗を真先に押立て、各々手に球燈をさげて大路をねり歩るき、銀座通りの如きは陸続数千人万歳連呼夫天地もゆるがん許《ばか》りなりき。又日比谷公園にも期せずして会せし者数百人ありしが、恰《あたか》も門口に酸漿提灯《ほおずきじょうちん》を売れるをみて我も我もと之を求め同じく行列を試みたるもありたり、かゝる有様なれば到る処の小料理店は在京軍人を始め、其他の人々万歳声中に祝杯を重ねるため思はぬ混雑を来し、是処《ここ》も彼処《かしこ》もときの声に埋もるゝなど、実に勇ましき限りなりけり」(明治37年2月11日)と報じている。

まさに開戦は、かかる昂揚した世論を前に、「今回の戦は朕が志にあらず、然れども事既に茲に至る、之を如何ともすべからざるなり」(『明治天皇記』)との思いで、天皇みずからが決断したものであった。その重圧は、街の熱狂とは逆に、天皇を不眠症となし、食欲もすすまないほど

であったという。（一三六〜一三七頁）

先にも触れたように、伊藤博文の要請を受けた金子堅太郎は、アメリカに二月二十四日に出発した。出発に先立ち、戦勝の可能性を陸軍の児玉源太郎と海軍の山本権兵衛に、詳しく実情を聞いた。金子は後年「日露戦役秘録」に、アメリカ行きの使命を、次のように披瀝している。

公平な立場に於て日露の間に介在して、平和克服を勧告するのは北米合衆国の大統領の外はない。君が大統領のルーズベルト氏と予て懇意のことは吾輩も知つて居るから、君直ちに往つて大統領に会つて其の事を通じて、又亜米利加の国民にも日本に同情を寄せるやうに一つ尽力して貰へまいか。是が君にアメリカに往つて貰ふ主なる目的である（『明治の墓標』一四四頁より再引用）

アメリカでの金子らのめざましい活躍により、日本は国際世論の好意的な中立を得て、戦いを有利に展開することができた。そのための外債募集をめぐり、戦争遂行上の欠かせない軍資金は公債でまかなわれ、外債募集のために高橋是清も英米に派遣された。当時、高橋を迎える欧米の市場は、日露両国が外債に依存していただけに、戦局上で日本を悲観視するものが多く、日本の在外公債の市価が暴落、二割方の暴落を示すという情況であった。

このような中で、日本の正貨は流出し、新しい外債の募集は予断を許さなかったが、おりよくも鴨緑江での勝利により、予想外の人気を呼んだと高橋は自伝に書き付けている。けれども、その条件は年利六分、発行価格九十三ポンド半、期限七年という日本に不利なものであった。

その後、陸海軍の勝利があったとはいえ、戦局に対する外国人の不安は依然として強く、第二回の外債は、第一回よりも発行価格を下げざるを得なかった。しかし、明治三十八年一月に旅順が陥落したため、日本公債の価格は騰貴し、第三回、第四回の外債六億は四分半の低利で、期限が二十年という長期になり、有利な条件によって募集することができた。このようにして、戦争中四回、額面八億円余の外債が発行されて、戦費はまかなわれたのである（外債に関する記述は『明治の墓標』一四五〜一四六頁に基づく）。

その後の日本の戦勝は目覚しいものがあったが、私はあえて書かない。それは、既に何十回となく称えられて来たことでもあるが、日露戦争後の日本については、あまり書かれていないからだ。

再び『明治の墓標』百七十三頁〜二百十一頁に基づいて、戦後の状況について記す。日露戦争の臨時軍事費十七億二千百万円のうち、増税による一般会計からの出資は一億八千二百万円に過ぎず、借金は全軍事費の九割近くを占めていた。すなわち、内債四億八千万円、外債八億円が発行され、戦費の五割近くを外債に依存しなくてはならず、高橋是清らが外債募集のために米英へ派遣されたとおりである。勝った勝ったと提灯行列までしたが、日露戦争後にのこったものは、まさに「借金の山」であった。増税から増税を重ね、さらに国債の追いうちで、国民の持てるすべてを奪い尽くそうとした。

民衆は、増税に加え、半強制的に「義勇奉公」の赤誠を示すものとして、国債を負担させられ、個人の生活は二重三重に破壊されていた。戦争により、国民は四億円近い税金に加え、国債四億八千万円を負担しなくてはならず、その持てるすべてを国庫に吸収されてしまったのである。そのため、資本の供給は途絶し、金融梗塞、金利の高騰を生み、軍需産業を除く、一般産業界は不況の波におおわれた。

具体的には、京都西陣・桐生・足利などの機織産業地は最大の打撃を受け、工場閉鎖や操業短縮、さらに転業を余儀なくされた。その反面、呉・佐世保・広島などの軍隊集結地は殷賑《いんしん》を極め、付随した商業は活況を呈した。これを業種別に見れば、鉄工業・製鋼業・製革業・巻き煙草製造業・缶詰業・裁縫業・フランネル製造業・銃砲製造業などが繁忙を極めた。

この不況に加え、戦争による物資の徴発により、日用生活品の不足が目についた。さらに、所得税や専売などによる増税が物価にはねかえり、日用必需品を暴騰させた。なかでも食糧品の高騰は著しく、非常特別税が賦課された塩・砂糖・清酒などの値上がりはことにはげしく、小麦粉などの軍需物資の高騰も目立っている。こうした諸物価の動向は、民衆生活に欠かせない日用消費物価の価格が戦争によって著しく値上がりし、それがあらゆる生活必需品の高騰に拍車をかけた。そのために民衆は、増税と公債によって持てるすべてをうばわれたのである。

また、日清戦争と日露戦争を比較すると、出征者の増大に比例して、戦死者が増えたことである。一つの村から五人、十人は疎《おろ》か、二十人近い名誉の戦死者が出て、それに比例して寡婦の姿が目立ったという。

そして、「征露」の旅に出で立つ兵士の思いは、家族のことであり、戦死への不安であった。兵士を送る村人は戦場の悲惨さを思い、それを厭う気持ちが強く、「勇壮」なるべき見送りが、ともすれば沈みがちであった。それだけに、村当局は、努めて見送りを荘重たるものにし、「後顧ノ患ナカラシメン」ように配慮したという。

このような農村から出征した兵士の数は、吾妻東策《あづまとうさく》氏の計算によると、五十五万三千百人であり、そのうち約十万が戦死による永久離村、約十万が廃兵あるいはそれに近い状態となり、半永久離村であったという(『日露戦時の農業政策』)。農村は多数の出征者をだすことにより、青年労働力を奪われ、農業生産の上で大きな打撃をこうむったのである。この点について、『大日本農会報』(明治三十七年七月)は、次のように述べている。

精鋭なる我軍隊の将校下士卒及び非戦闘員従者軍夫工夫其他軍事に従事するもの丶中農業家の壮丁を算別すれば約二十万人なるべし。この二十万の壮丁が農耕を廃止したるものと見做さざるを得ず。農家壮丁の功程を人一反歩(五反百姓の俚諺あれども十分内輪に積る)の耕作力とせば二万町歩の生産労力を減ずるもの丶如し。(『明治の墓標』一八六～一八七頁より再引用。ただし大濱徹也氏はこの二十万という数を誤った算出としている)

わが千束村で、何人、あるいは何十人の出征者があったか、今となっては統計資料がないが、小人数のことではなかったことは確かである。私が伺った数人の古老の話では、十人近い出征者が出たということである。

また、日露戦争により殷賑を極めたのは、各地の神社であった。神官は征途につく出征兵士のために、郷土神の前で戦勝祈願の祝詞をあげた。千束八幡神社の神官も頼まれれば神殿に赴いて祝詞を上げたに違いない。また、村里を巡回して戦争の意味について講話をすることもあったらしい。「愛知県北設楽《しだら》郡稲橋村郷社八幡神社の神官佐藤清臣もそうした多忙をきわめた神官の一人」だったと大濱徹也氏は『明治の墓標』で書いている。

清臣は、郷社の神官であるのみならず、愛知県神職取締所の幹事でもあった。そのため、「敬神愛国」を説諭すべく北設楽郡内を巡回し、村人に戦時の心得を説き聞かせた。明治三十七年（一九〇四）三月一日から十五日にかけ、清臣は七十一歳の老躯をむちうって山路を越え、北設楽郡内を一巡して皇道演説会を開き、戦時協力を民衆にすすめた。（二一〇頁）

明治の民衆は、このようなさまざまなかたちでなされる教化活動により、戦争への積極的協力を促され、国債に応募し、倹約貯蓄に励まされたのである。

民衆が国債に応募したのは、「愛国の名に強迫されて出金」したもので、「愛国は貧乏人にとりては実に重荷なり、痛苦なり、衣を薄くして食を減ぜざれば出来ざること」(『平民新聞』明治37年3月6日)だった。(同書二一一頁)

引き続き同書二一五頁以降に基づくと次のようになる。明治三十八年八月十日、ポーツマスにおいて日露講和会議が開かれた。会議を前にした七月、第十三師団が樺太を占領した。それは、ルーズベルト大統領が金子堅太郎に示唆したことでもあるが、講和会議に対する牽制で、日本を有利にしようと計ったものであった。日本国民の多くは、ハルビンを取り、シベリアをも占領することが可能だと信じており、莫大な賠償金を夢見ていた。

だが、九月五日に調印された講和の内容は、ロシアが(一)日本が韓国を指導・保護・監理する権利を承認、(二)日本に長春から旅順にいたる東清鉄道南満洲支線と大連湾・旅順口をめぐる関東州の租借権を譲り、(三)樺太の南半分を割譲し、(四)沿海州沿岸漁業権を与える、というものであった。日本は領土としては樺太の半分を獲得したのみで、賠償金は全くとることができなかった。

ほとんどの期待を裏切られた日本国民は、この講和条約を「屈辱条約」として、政府に対して激しい怒りを向けた。それは、戦争に国民を駆り出すために、日本側の勝利を誇大に強調し、日本の戦勝の真実な姿について説くことをしなかった日本政府みずからの責任であった。国民の「戦勝熱」はとどまることを知らず、政府に対して激しく迫った。各新聞も、講和の内容を知ったとき、政府の御用新聞と言われた徳富蘇峰の『国民新聞』以外は、そろって講和の非を書き連ね、政府を論難した。

『明治の墓標』二一六頁によれば、『大阪朝日新聞』は、「天皇陛下に和議の破棄を命じ給はんことを請ひ奉る」という大見出しを印刷し、「勝敗を知らざるの戦争に従はんよりは、寧ろ今日の和約を破棄して、戦闘を継続せんことを冀《こいねが》ひ、骨肉糜爛《びらん》して焦土と為るを辞せず」と、明治三十八年九月一日付で政府に迫っている。

さらに同書二一八頁以降では、「日比谷焼き打ち事件」についても『日本新聞』(明治三十八年九月六日)が、「無政府無警察」状態と評し、「白昼白刃を提げて官邸に闖入《ちんにゅう》する事既に驚くべし。白昼火を官邸に放つ更らに驚くべし。而して警官剣を抜いて人を斬り、軍隊銃を提げて良民に臨むに至ては宛然是れ第二の露都なり」と書いて、政府を難詰《なんきつ》したことを紹介している。

そこで政府は、東京の市内、荏原郡、豊多摩郡、北豊島郡、南足立郡、南葛飾郡に戒厳令を施行し、あわせて「暴動ヲ教唆シ犯罪ヲ煽動スルノ虞《おそれ》アル」記事をさしとめにした。そのため、講和批判、政府非難により発行停止を命じられた新聞や雑誌は四十種類近くに及んだという。

また、この事件で起訴され処罰された人々は、職人、人足、職工などの社会の底辺で生活する者たちであった。彼らは、戦争からなにほどの利益も得られず、物価の高騰に苦しんでいただけに、講和後の景気の好転に期待を寄せていたのだ。その願いが無慚に裏切られたとわかったとき、辛苦に満ちた戦時下の生活に対する怒りが爆発したのである。日比谷焼き打ち事件も、こうした民衆が胸に秘めていた鬱屈《うっくつ》した心情がデスペレートな発散をしたものだと言ってよいであろう。このような心情は民衆だけのものではなかった。

また、『萬朝報』は「屈辱極まる平和だ、流石《さすが》に国旗を立てゝ之を祝する日本国民は一人もない」(『明治の墓標』二一六頁より再引用)と述べたあと、講和を締結せざるをえない重臣連の弁明を「呆れ返った」ものとして、次のように紹介している。

△桂《ママ》ハンが言はゝりました「講和は今必らず成立せねばならぬ。其れが出来ぬと、今度は独帝が仲介者となる順番だが、独帝は隠れもない露国贔屓《びいき》だから、日本に取て余り有難《ありがた》くはない、之を外すと結局は列国会議だ、列国会議となれば朝鮮の前途さえも分らなくなる。

△井上の御前様が仰ツた「茲で戦争を継続すると為ると、哈爾賓《ハルピン》を取り浦汐斯徳《ウラジオストツク》を攻め落とすまでには先づ更らに二十億の軍費を要すとみねばならぬ、此の金の出処は何処だ、私には迚《とて》も算盤《そろばん》が取れぬ。(『明治の墓標』二一六〜二一七頁より再引用)

この「萬朝報」の記事が、当時の日本の真実を語っていた。一部の人々の戦争熱にあおられ、ハルビンやシベリアまで攻め込んで行ったとしても、もはや小国日本の命運は尽きていたのである。

第九章　韓国併合

韓国との関係を考えるために、前掲『日清・日露戦争』二〇六〜二〇八頁を再び引用する。

ロシア政府は、清国と交渉している満州問題に、日本が介入し、満韓交換問題とすることに不満があったが、一九〇三年六月、皇帝ニコライ二世は、日本の韓国統轄権を認める決意をし、クロパトキン陸相やベゾブラゾフ宮廷顧問官、アレクセーエフ極東総督らの旅順会議でも、軍事占領を続け将来の満州併合をめざし、韓国問題とは切り離す、という方針が定まった。満韓不可分＝満韓交換論に立つ日本とはまだ距離があったが、戦争への道はまだ示されていない。一〇月、アレクセーエフ極東総督が、軍隊の動員許可を求めた際、ニコライは「日本とロシアの戦争を望まないし、この戦争を許さない。戦争がないようにすべての方策を取られたし」と厳命し、アレクセーエフから軍隊動員権を取りあげた。

一〇月から一二月にかけて日露交渉は続けられたが、満州問題を交渉の場に挙げないロシアと、満韓不可分＝満韓交換論に立つ日本では妥協の道が見つからなかった。一二月、元勲・主要閣僚合同会議は、小村外相が提案した三案、①満州問題を分離し、韓国問題のみの交渉、②対等な満韓交換論、③日本に有利な満韓交換論（満州でのロシアの利権を制約）を検討した。山県は、戦争を回避できる②を支持したが、桂や小村は③を主張し、会議の結論となった。桂は、②も含めての交渉を考えていたが、一方で韓国問題の解決のためには「最後の手段（即ち戦争を以ても）」（山県宛書簡）とも述べ、開戦を覚悟していた。

日本が提出した③策に基づく修正提案は、ロシアの御前会議で、満州問題を入れて交渉継続、と歩み寄りを生み出す。日本では、③策の実現に戦争が選択肢として大きく現れ、一二月二八日緊急勅令「軍資補充のため臨時支出を為すの件」「京釜鉄道速成の件」など四件が公布され、戦争準備が一挙に進む。日本の戦争準備情報により、ロシア皇帝も極東諸州の動員下令、満州等の戒厳令施行などの戦争準備が一九〇四年一月八日に許可された。

一月六日、ロシアは修正案を提出した。満韓交換論に基づくものではあるが、ロシアに有利な内容で、韓国の軍事的使用の禁止、中立地帯の設定などが盛り込まれていた。八日、桂・小村・山本・寺内の閣僚会談では、対露交渉妥結は困難・交渉中断・独立行動の通告を求めた小村の意見書が承認され、一二日御前会議に提出された。御前会議では、開戦が決定できず、再度ロシアと交渉すること、陸軍の韓国派兵は海軍の準備完了後、が決まったにとどまった。山県や伊藤は、韓国政府や皇帝を確保するための限定的派兵を求め、即時開戦を意味する派兵にはこの時点でも反対で、交渉継続が主張されていた。山本海相、小村外相も、この時点での陸軍の動員下令には反対で、寺内陸相の三個師団動員要求は認められなかった。
ロシア軍の極東増備が続き、対案提出が遅れる状況から、一月三十日、桂・小村・山本と伊藤・山県の会談が行われ、開戦やむなしへと大きく踏み出した。この結論をもって、二月四日の御前会議は、元勲・内閣一致して開戦を決した。（中略）事実上の宣戦布告である。

二月二日に皇帝の裁可を経、三日に旅順に送付されたロシアの妥協案は、日本が主張してきた、③日本に有利な満韓交換論に基づくものだったが、それが東京のローゼン駐日公使へ届かなかったのは、開戦を前にして満州地域で日本軍が行っていた電信線破壊のためではないかと推測されている。日露戦争は、両国にとって戦わなくてもよい戦争であった。

日露戦争とは何事だったのかの復習も兼て、河田宏著『明治四十三年の転轍《てんてつ》　大逆と殉死のあいだ』（社会思想社、平成五年）より「ポーツマス講和条約」の章を書き抜いて、私は参考にすることとしたい。

凱旋大行進の兵士と歓迎の群衆で昂奮の坩堝《るつぼ》となった日比谷から有楽町界隈は、この祝典の半年まえの明治三十八年九月五日の講和条約調印の日、講和条約に反対する群衆によって修羅の巷となっていた。

戦費二〇億、一〇万の戦死者を出して戦争に勝ったのである。それなのに得たものは、韓国を保護国とする権利の承認と樺太の南半分割譲、それに北清鉄道ハルピン支線（後の満鉄線）と関東州の租借権の譲渡だけでは、国民はどうにも納得できなかったのである。何よりも民衆の不評をかったのは、賠償金がとれないことであった。条約の内容が明るみにでると、全国各地に条約破棄を要求する民衆運動が起り、それは政府、元老を糾弾するところまでエスカレートしていった。調印当日の九月五日には、日比谷で頭山満、河野広中、小川平吉など対露同志会が主催する条約反対国民大会が開かれることになった。

「来たれ、来たれ、来たれ、血あるものは来たれ、鉄心あるものは来たれ、義を知るものは来たれ、恥を知るものは来たれ、来たり集まりていっせいに卑屈醜辱なる講和条約にたいする不満の声を九重の天に掲げよ」

当日の『万朝報』の檄である。

ところが、不穏な動きを察知した警察はこの大会を禁止してしまった。主催者十数名は事前に逮捕し、日比谷公園の入口数ヵ所にはバリケードを築いた。それを知らずに集ってきた数万の群衆はバリケードを壊して大会を強行し、批准拒絶を決議したが、それだけではおさまらず街に溢れ出して暴徒と化してしまった。政府系の国民新聞社を襲い、首相官邸、内相官邸を襲い、電車に火を放ち、警察署・交番を焼き打ちした。この日、東京の交番の七割以上が焼かれ、教会一三ヶ所、電車一五輛が焼失した。東京は「第二の露都なり」といわれるほどの無警察状態になってしまった。

政府は東京一円に戒厳令を布《し》き二千余名を検挙した。多くは都市下層の職人や労働者であった。

また「暴動を教唆し、犯罪を煽動する」三九紙誌を発行停止処分にした。主要な新聞雑誌はほとんど処分されたことになる。

満州の戦場では、法庫門にいた第三軍司令官の乃木希典が講和の内容を知って病に臥してしまった。彼は何も語らないが、戦場の労苦や多くの部下将兵と二人の息子を失った悲しみに耐えてきた乃木も、講和条約の失望には耐えられなかったのだろうと、従軍記者ウォシュバンは記している。（中略）

西田幾太郎でさえ日記に「講和条約を見るに大屈辱なり。日本の元老閣徒何の顔ありて国民に対する。償金もとれず樺太も半分ゆづり、鉄道も長春とはナサケナキことなり。吁々万事休す」と書いている。彼の実弟は旅順で戦死していた。（中略）

これほどの反対があったにもかかわらず講和せざるをえなかったのは、日本に戦争を継続する余力がなかったからである。しかし、ロシアも戦争継続は不可能になっていたのである。「血の日曜日」に始まる第一次革命の波が各地に広がっていたし、オデッサで戦艦ポチョムキンの水兵の叛乱が起っていた。軍隊内部でも革命の気運がたかまっていたのである。国民も兵士も戦意を失い、ロシアは内乱収拾のため戦争どころではなくなっていた。（中略）

しかし、元老をはじめとする日本の国家指導者たちは、民衆のエネルギーとロシア革命の動向を見抜く目がなかったのではないか。彼ら自身、民衆のエネルギーと時代の気運にのって明治維新を達成したのに、長く権力の座にいる間に、国家権力を過信し、民衆を侮る意識がしみついてしまっていた。だから、ロシアの実情が把握できなかったのであり、日本の戦後経営についても大きな誤ちを犯したのである。（一二〇〜一二二頁）

引き続き同書一二三〜一二四頁に基づいて、日露戦後の状況を見ていく。引用したような状況に加えて、明治三十八年は天保の大飢饉に次ぐ大凶作であった。産米の実収高は前年比の二十五パーセント減。特に東北は六十パーセントから八十パーセントの減収で、餓死寸前の惨状となった。天候の不順に加えて、農家の働き手を出征兵士にとられ、牛馬さえ微発されてしまったのである。

次に起こるのは明治四十年（一九〇七年）十月に始る世界大恐慌であった。アメリカで発生した株式投機の破綻が全世界に拡大したのである。

日本では、この年の一月に戦争遂行の立役者であった桂内閣が総辞職し、替わって政友会の西園寺公望が組閣をしていた。組閣当初は片山潜、堺枯川、西川光二郎、森近運平らの日本社会党が承認され、国民に明るい自由な印象を人々に与えた。

一方、韓国との関係では、前掲『日清・日露戦争』の中で原田敬一氏は次のように書いている。

一九〇五年九月、ポーツマス講和条約が調印されると、日本政府は、「これが実行は今日をもって最高の時機なり」として韓国に保護権を確立することを決議した。一一月、漢城に到着した伊藤博文は、保護条約締結を高宗皇帝に直接談判した。予定調印日の一七日、長谷川好道《よしみち》韓国駐箚《ちゅうさつ》軍司令官は、「特に騎兵聯隊及砲兵大隊を城内に招致して、万一に備え夕に入り大街道を経て城外宿営地に帰らしめた」（『韓国併合始末関係資料』）。そのため「満城皆な戦き敢《おのの》て一人の豪語するものなし」となった。午後四時頃からの御前会議で皇帝と大臣の意見は一致せず、ようやく一八日午前一時という深夜に調印が成立した。こうして統監府の漢城府設置と、外交権の日本政府への接収を内容とする第二次日韓協約（いわゆる韓国保護条約）が成立した。（二二六頁）

その後、韓国政府要人も皇帝自身も、協約破棄をめざす行動を展開した。特に皇帝は、親書や文書により、十月から翌年五月までに五回の協約拒否を欧米に示す行動を続けたという。やはり、「韓国併合」には少し無理があったのではないだろうか。それを示すのが、明治四十二年、満洲北部のハルビンにおいて伊藤博文が暗殺された事件である。実行したのは韓国人安重根である。

次に書き抜くのは小室直樹著『韓国の悲劇　誰も書かなかった真実』（光文社、昭和六十年）からの引用である。

安重根が伊藤博文を射殺した理由は、伊藤が韓国を日本の植民地にしたことを憤《いきどお》ってである。すなわち韓国独立のためである。

しかし、安重根の意識のなかに一つ韓国の独立だけがあったのではない。これが当時の日本のスローガン「東洋平和」の理念に反した行為だったからである。つまり、彼の理解によれば、伊藤は天皇をだまして韓国を併合し、東洋平和を乱したのである。これは許しがたいことなので、伊藤を誅殺《ちゅうさつ》するというのである。

この動機だと、安重根は、日本人の意識では、勤王の志士となる。明治維新いまだ遠からず。尊王の情熱を全身にみなぎらせていた当時の日本人は感激した。日本人は安重根を憎みつつも尊敬した。

明治四十三年二月九日、安重根は（中略）「私は日本四千万、韓国二千万同胞のため、かつ日本天皇陛下および韓国皇帝陛下に忠義を尽くさんがために、今回の挙に出たのです」（中略）と述べた。

韓国独立の主義《コーズ》のため伊藤を殺す。これが韓国皇帝陛下に忠義を尽くすことになり、韓国人のためになる、これはわかる。

でも、日本天皇最大の重臣であり、大日本帝国最高の元老たる伊藤博文を殺すことが、なぜ日本の天皇陛下へ忠義を尽くすことになり、日本人のためになるのか。

ここに、安重根思想の根本がある。

人のまさに死せんとせんや、その言やよし（『論語』泰伯《たいはく》第八）。

安重根はその理由を説明して言う。「日本の天皇陛下の聖旨は、韓国の独立を強固にし、東洋の平和を維持することであります」（中略）。伊藤博文は、天皇の聖旨を踏みにじって韓国の独立を蹂躙《じゅうりん》したゆえに、「日本天皇陛下に対しても逆賊である」から殺したというのである。

日露戦争宣戦の詔勅には、日本の戦争目的は東洋の平和を守り、韓国の独立を全うすることにあると明言している。

これを読んで多くの韓国人は感激し、かなりの人びとが戦争中は日本に協力した。日本軍の連戦連勝をわがことのように喜んだ。

なかでも、もっとも感激した韓国人の一人が安重根である。

安重根の日本天皇に対する感情はどんなものか。

彼は伊藤博文の罪状十五ヵ条をあげている。

十三条までは伊藤の韓国に対する罪をあげているが、第十四条は、孝明天皇を暗殺した罪であり、第十五条は、明治天皇を欺いた罪となっている。

安重根はクリスチャンである。そのクリスチャンたる安重根が、なぜ人を殺すのかと問われて、彼は答えて言う。日清・日露の両戦争は、宣戦の詔勅にもあるとおり、韓国の独立のために戦われたものである。しかるに伊藤は韓国の独立を奪う。となると当然、日清・日露で戦死した日本人は、伊藤に殺されたことになる。安重根は、彼ら十余万の戦死者の仇を討ってやったのだと誇らかに言う。（一五七〜一五九頁）

また、伊藤博文のごときことをしていれば、日本は、米英中露の包囲網を受けて滅亡するであろうとも言っている。そう言われてみれば、昭和二十年八月十五日の日本の敗戦は、安重根の言う通りになった。そこに、安重根の一片の真実がある。それは、まさに「韓国の悲劇」でもあった。しかし、現在、安重根が韓国で英雄視されているのは、日本人には最大の皮肉である。

第十章　大逆事件の背景

森山重雄著『大逆事件＝文学作家論』(三一書房、昭和五十五年)には、巻頭、次のように書かれている。

一九一〇（明治四十三）年という時代区分をたてうるとすれば、この、時期は日本近代文学史上、もっとも興味ある問題的な一時期である。それは明治から大正への転機であり、体制的にも思想的にも一つの転換期である。その転換期に対応した文学者・思想家の軌跡を、明瞭にみてとることができるからである。なかでも大逆事件は、その危機のもっともあからさまな表現であった。この事件は、「日本の歴史の書かれざる白ページ」と言われ、当時の文学者に与えた影響は、陰に陽に深刻なものがあった。例えば徳富蘆花の「謀叛論」、また三宅雪嶺の「四恩論」と題する講演など、聴衆に大きな反響を及ぼしたと言われている。

事件後のこういう直接の反響の外に、それらは隠れた地下水のように文学者・思想家にさまざま影響を及ぼした。平出修・石川啄木・森鷗外・永井荷風・木下杢太郎・上司小剣・正宗白鳥・田山花袋・秋田雨雀・大杉栄・荒畑寒村・沖野岩三郎・佐藤春夫・尾崎士郎などがその主要な作家だが、これらの文学者の名を列挙しただけでも、日本の文学者の行動と作品が、大逆事件に対してけっして無感覚ではなかったことが知られるのである。日本の自然主義文学が批判的精神を失って、正常な発展を遂げる方向を見失ったことは、（中略）今日では文学史的常識といってよい。この大逆事件を精力的に掘り起した一人である神崎清は、「日本の近代文学史は、自然主義・浪漫主義の流派の分類にこだわりすぎている。天皇制の王冠をいただいた国家権力と、自由を求めてやまぬ人間の創造的エネルギーとの基本的な関係をとらえて、この大逆事件に対する文学者の対応ないし反応という観点から評価すべき時期が来ているのではないか」（『革命伝説』4）と、適切な指摘をしている。

大逆事件について戦後最大の発見は、被告たちの獄中手記が出て来たことである。政府はこの事件に関する一方的な発表を行っただけで、一切の記録に天皇制の封印をほどこし、闇から闇へ葬り去ったつもりで、被告の真実の声を伝えるような一切の文献を官憲の厚い壁のなかに塗り込めていたところが、戦後の混乱のなかで、いつの間にか持ち出され、民間に流れていたのである。その発見の経過については神崎清編・大逆事件記録第一巻『新編獄中手記』はしがきに詳述されている。そこには幸徳秋水の「死刑の前」、管野須賀子（本名は管野すがであるが、「死出の道草」の署名に従う）の「死出の道草」、新村忠雄の「獄中日記」、森近運平の「回顧三十年」、奥宮健之の「公判廷ニ於ケル辯論概記」、大石誠之助の「獄中にて聖書を讀んだ感想」などが、古びた書類となって収められていたのである。

それはまさに奇蹟に近い発見であった。事件後四十年にして、闇の鉄の扉が開かれたのである。この事件の犠牲者たちが、死刑の宣告を受けた前後から、処刑されるまでのわずかな期間に、厳寒の狭い独房で氷りそうな筆を動かして記した「生命の彫刻」(神崎清)のような獄中手記がようやく陽の目をみたのである。神崎清が、これらの所有者からの提供をうけて、他の方面で発掘した三点の資料を加えて『大逆事件記録一・獄中手記』(実業の日本社)として刊行したのは、昭和二十五年六月のことである。こうして十二人の死刑囚のうち、九人までの獄中手記が発見され、さらに死刑をまぬがれた十四人の被告のうち、新村善兵衛の「獄中日記」、峰尾節堂の「我懺悔の一節」、成石勘三郎の「回顧所感」なども手に入り、これらを加えた『新編獄中手記』が刊行されたのは、昭和三十九年三月のことであった。(中略)

周知のように、死刑を宣告された二十四名の被告中、天皇暗殺計画に直接関係したものは、四、五名であった。(七〜八頁。注番号は省略した)

では、なぜ大逆事件が成立したのか。いや、成立させたのかということである。それは、ときの明治政府に「他の意図があった」からであるということが、今やほとんど「真実」と言われている。

それでは「他の意図」とは何かというと、「韓国併合」であった。「明治天皇暗殺」という「四、五名の計画」を、「二十四名の大計画に仕立て上げた」のだ。次に書き抜くのは石川啄木の作品である。

時代閉塞の現状を奈何《いか》にせむ秋に入りてことに斯く思ふかな
地図の上朝鮮國にくろぐろと墨をぬりつつ秋風を聴く
明治四十三年の秋わが心ことに真面目になりて悲しも
（『大逆事件＝文学作家論』四一頁より再引用）

石川啄木はこの頃、朝日新聞社のある人物から「大逆事件の真相」を耳にする。森山重雄は、次のように書いている。

啄木が精力的にこれらの歌を詠んだ七月から九月までは、大逆事件の網が全国的に拡大して行った時期である。（中略）これらの歌には、大逆事件をめぐって一般大衆と同調することのできない異和感が表現されている。（『大逆事件＝文学作家論』四一頁）

「地図の上朝鮮國にくろぐろと墨をぬる」という啄木の心情には、日本政府の「韓国併合政策」が見えていたのである。

明治四十三年という年は、一月二十三日に七里ヶ浜で逗子の開成中学のボート部員ら十三名が遭難溺死し、三月十二日には千葉県銚子付近にて多くの漁船が遭難し、多数の死者を出した。

また、五月十九日にはハレー彗星が地球に大接近し、人畜に害を与えるという噂が広がり、人々をおびやかした。そのような中で、五月二十五日から大逆事件の検挙が始まったのである。そこで『近代日本総合年表』（岩波書店、昭和四十三年）から、次に明治四十三年の政治欄を書き抜くこととする。

一九一〇（明治四三）〔第二次桂太郎内閣〕

一・二一 日露両国、米国の満州鉄道中立提議（〇九・一二・一八）に不同意と回答。

一・二八 駐清公使伊集院彦吉、英米・清間の錦愛鉄道借款契約に関し清国政府に警告。

二・八 政府と政友会妥協。政府は地租八厘減をいれ、政友会は官吏増俸二五％を認める。

二・一四 旅順地方法院、伊藤博文暗殺犯人として韓国人安重根に死刑を宣告。三・二六執行。

二・一七 閣議、対英通商条約改正案を決定。四・二一駐英大使加藤高明、英政府に新条約案を提出

二・二八 外相小村寿太郎、在外使臣に韓国併合方針および施設大綱を通報。

三・一 大同倶楽部・戊申倶楽部（一部）合同し、中央倶楽部を結成、発会式を行う（所属五〇代議士）。

三・二 閣議、錦愛鉄道敷設に対する態度を決定（米・英・清の錦愛鉄道計画には参加するが、他方、ロシアの代替線張家口・恰克図鉄道敷設の要求をも支援する）。

三・一三 憲政本党・又新会・無名会・旧戊申倶楽部の一部など、合同して立憲国民党を結成、結党式を行う（所属九二代議士）。

三．一九 閣議、第二回日露協約締結の方針を決定（満州における日露の利益範囲の確定など）。
三．二五 地租条例改正・宅地地価修正法・通行税法・織物消費税法各公布。
四．一三 外国人の土地所有に関する法律公布。
（中略）
五．一八 ロシア、第二回日露協約草案を駐露大使本野一郎に提出。
五．二五 宮下太吉、爆発物製造の嫌疑で松本署にて逮捕される（大逆事件の大検挙始まる）。六．一湯河原で幸徳秋水逮捕。以後八月まで、和歌山・岡山・熊本・大阪でも関係容疑者逮捕。
五．三〇 寺内正毅を韓国統監に任命（陸軍大臣兼任）。
六．三 閣議、併合後の韓国に対する施政方針を決定（憲法を施行せず、いっさいの政務を統轄する総督をおくなど）。
六．二二 拓殖局官制公布（内閣総理大臣に直隷し、台湾・樺太・韓国および外交を除く関東州に関する事項を統理）。
六．二四 韓国警察事務委託に関する日韓覚書調印（六．二五 統監府告示）。六．三〇 統監府警察官署官制公布。
（同書二〇二頁。なおアラビア数字を漢数字に変え、典拠文献を示す番号等を省略した）

ここまで書き抜いてみると、「韓国併合事務」と「大逆事件」が、いかに平行して進められたか明白である。と言うよりも、むしろ「大逆事件」という煙幕の蔭で韓国を囲い込んでしまったのである。第二次桂内閣の犯罪は、韓国の人々には許し難い行為であった。

さて、そこで日本人の体質とも言ってよい「天皇制」について、前掲河田宏著『明治四十三年の転轍』から書き抜くことにする。

この講演［明治四十四年二月一日］の感動は一高弁論部の先輩から語り伝えられていた。三年生の河上丈太郎たちは恒例の卒業講演会に、何でもよいから蘆花に話してもらおうと、雪を踏んで粕谷を訪ねて来たのであった。

蘆花は快く引き受けた。「日はいつでもよい」とまでいった。そして、ポツリと「不平を吐露するのに、一高は良いところだからな」ともいった。

河上たちが訪ねた一月二十二日といえば、大逆事件の判決があってから四日目である。処刑の二日まえ。蘆花の気持は怒りと悲しみで極度に昂まっていた。

前年（明治四十三年）五月末から六月末にかけて、某重大事件、大陰謀などとして宮下太吉、新村忠雄、古河力作が逮捕され、蘆花も面識のある秋水、さらに大石誠之助や森近運平など著名な社会主義者が次々と二十六名も逮捕されていた。蘆花は「社会的信条よりすれば社会主義の信徒」（トルストイへの手紙）を自称し、日本社会党第二回大会にも出席し、その機関誌『直言』にも執筆しているが、この時点では事件にあまり関心を示していなかった。

蘆花だけでなく、ほとんどの日本人が関心をもっていなかった。新聞が掲載禁止命令によって、ぼかして控え目に報道していたせいもあるが、それまでにも頻繁にあった社会主義者逮捕のひとつぐらいに思っていたのである。政府の情報操作が巧妙になっていたともいえる。

蘆花の関心が一挙に昴まるのは、十二月十日大審院公判が始まってからであった。大逆事件は大審院の所管で一審で決審。無罪か死刑かのどちらかである。公判は非公開で非常にあわただしく進められ、十二月二十九日には結審が宣せられ、あとは判決を待つばかりになった。このころの蘆花の情報源は、粕谷の里に昼すぎになってようやく配達される数紙の新聞だけである。新聞はかなり丹念に読んでいた。あまり詳しくは報道されていないが、どうも首魁と目された秋水とスガ、ことによると大石あたりまでは死刑になるらしい様子がみえてきた。

実は、判決は年明けの十八日ごろ、二十四名死刑ということは決っていたのである。一月十七日付の宮内次官河村金五郎の山県宛手紙によると、判決内容はすっかりわかっており、判決の二日まえに半数を特赦減刑する打合わせが山県、渡辺宮相、桂首相、天皇との間でなされていた。

そんなことを知る由もない蘆花は日に日に不安を募らせていた。愛子夫人の日記がその間の消息を詳しく伝えている。「書斎によれば、いつも〳〵此事につき語り、気をもみしが」「どふも死刑になりさうだが、陛下より大赦あらばいいがなあ、とは吾夫の情！」

判決は一月十九日の午後新聞で知った。朝日新聞社にいた啄木が十八日午後二時ごろ、判決直後に知っていたのに較べると、まる一日遅れているが、「何事ぞ二十四人の死刑宣告‼」と感情が激すると、たちまち行動に移るのが蘆花である。

翌二十日、「聖恩如海、十二名減刑の詔勅下る」を知ると、秋水、スガを含む後の十二名も恩赦になるよう奔走してほしいと兄蘇峰に手紙を書いた。蘇峰は桂首相の私設政治顧問であり、その主宰する国民新聞は桂内閣の御用新聞のごとき観があった。同時に桂首相への減刑嘆願の手紙も託している。続いて「天皇陛下に願い奉る」文章も書いた。これは朝日新聞主筆池辺三山に新聞掲載してくれるよう頼んでいるが、もちろん掲載されなかった。

こうした蘆花の努力も空しかったが、河上たちが訪れた一月二十二日には、まさか二日後に死刑が執行されるとは思ってもいなかった。死刑執行は判決から二〜三ヵ月後、半年、一年先が普通なのである。蘆花としては、やるだけのことはやったが、まだ気持は収まらなかった。講演依頼はよい機会であった。河上らが「どんな演題ですか」ときくと、蘆花は少し間をおいてから、彼らの間に置かれた火鉢の灰に、火箸で何やら字を書いた。

《謀叛論》

河上たちの体に戦慄がはしったという。大逆事件のことだ！　以心伝心。それから彼らは多くを語らなかった。愛子夫人からカキモチのもてなしを受け、しばらく雑談して帰った。

この日から二日後に死刑は執行されてしまった。判決からわずか六日目である。最近（一九九三年一月）になって外務省から「社会主義者幸徳伝次郎外二十五名の陰謀一件」と題する在外公館との往復文書が発見された。政府は欧米での事件に対する反響をかなり懸念しており、抗議行動

の高まりつつあるのを知ると、フレームアップの後めたさもあり処刑を急いだものと思われる。(中略)

蘆花は直情径行の正義漢である。そのうえかなり激しい躁鬱気質である。弱き者が虐げられているのをみると悲しみ、心が一挙に燃え上るのだ。まして、秋水たちは人のために献身している仁なる人たちだ。

「一飢民、一不平分子が日本にあらん限り、維新の大志は遂げられぬ。その志を遂ぐ可く、日本は皇室を奉じて第二の維新、総建直しを経ねばならぬ。名をつければ、社会主義、日本を挙げて一家族の実を挙げねばならぬ」

蘆花最晩年の自伝小説『冨士』の第三巻にある文章である。(二〇七～二一〇頁。［　］内は松井による補足)

ときの日本政府、桂内閣の大罪であった『大逆事件』は、戦後になって多くの人々から、その真相の誤りを正されたのは当然のことであった。

第十一章　中津中学から五高へ

下村信貞が中津中学に入学したのは明治四十五年四月である。三歳年上の長男政治《まさはる》は、福岡県立豊津中学に入学し、豊津に下宿していた。『追想録』において、三男の利雄は次のように書いている。

当時父は隣町の宇島小学校の校長をしていたが、次々と子供が生れ、その養育費や教育費だけでも大変だった。それに長男の学校成績の不良には、教育家として特別に悩まされていた様である。それに引きかえ兄信貞が中津中学に入り、自家から通い、而かも学校の成績が一きわ優秀なので、父としてはそれが自慢でたまらなかった。事ある毎に人々へ「信貞が、信貞が」と鼻を高々と動かしていた。

私は無口で話下手で、兄とよく口喧嘩しても、いつも言い負かされて、くやしかった。父から見て、兄に比べて頭の茫とした弟と思っていたらしい。私の中津中学の入学試験を極力心配していた程であるが、私も無事パスして兄に従って通学することになってからは、すっかり安心し、私を改めて見直す様になったらしい。その後は私の中学校の成績など聞こうともしなかった。

父から毎月学資として貰う金も少なかったので、旅行好きの兄は春夏の休暇毎に私などを連れて無銭旅行によく出かけた。私の村から同じ中学に通っていた松金虎彦という腕白者がいた。私より一年早く入学したが落第して遂に私と同級生となった。友達から「まつかね」と呼ばれないで「わるがね」で通っていた。その松金が兄を慕い兄も又可愛がって、私と三人で旅に出ることが多かった。或る夏、三人は雑嚢に米、醤油、砂糖、塩などをいっぱいに満たし、鍋を持って家を出た。参謀本部の地図に、通り過ぎた道程を朱線を引きながら歩いた。第一日は大分県宇佐から国東の立石に出て、小さな神社を宿にした。道々、南瓜、胡瓜、茄子、唐黍などを手に入れ、生で口に入れたり、或は煮て食べた。別府に近い亀川の浜辺や由布院のお宮に野宿し、由布岳の頂上を極め、陸軍実弾演習地の日出台から森町、耶馬溪を下って、八日間の無銭旅行を終えた。その間の毎夜の野宿、食事、体の疲れ等の苦労は並大抵ではなかったが、一切兄の指図通りに行動して、漸く無事旅の日々を過ごした。旅の間、兄は始終冗談ばかりを飛ばし、弱々しい足どりの私達をはげまして呉れた。思えば苦しい旅ではあったが、又一面楽しい青春の思い出にもなった。その他、英彦山登山、九州中部の九重行など、兄について無銭旅行を幾度も決行した。或る夏、兄は全九州を一人で徒歩旅行すると云って出かけたが、三日目に漂然と戻って来た。流石の兄もひとり旅にいや気が差したのであろう。旅の間に作った詩を私に聞かせたが、今はその記憶もない。ただその中には「鴉の濡れ羽色」という言葉があったように覚え、不思議がっている。

よくしゃべり弁舌爽やかであった明るい兄も中学四年の終り頃から急に無口になって、中学へは私ともはなればなれに通う様になった。夜遅くまで勉強していたが、人生問題に頭を悩ます時期に入った模様であった。賀川豊彦や青年作家島田清次郎の小説等を私にも読めと貸してくれた。

松金虎彦の親友に山口弘之という美少年がいた。やや細目の丸い可愛い顔で、良家に育った上品さも持っていた。兄はその山口弘之を殊の外愛した。兄弟以上の友情であった。中学では体操科の一つとして生徒は残らず柔道部か剣道部に入らなければならなかった。松金虎彦は柔道が得意であったが、山口弘之は小づくりの体でありながら、気合もはげしく竹刀もよく使った。兄はそれを見て剣道が好きになり、自分も稽古をはじめたばかりでなく、私にも剣道部へ入れとすすめた。兄は機会ある毎に山口を連れて歩いた。自分もまた大分県宇佐郡の山奥にある山口の家まで行って数日を過ごすことが度々であった。(『追想録』二〇〜二二頁)

この下村利雄の文章は、なかなか具体的であり、且つ、兄信貞への愛情溢れるところがある。男の兄弟ならではの観察に満ちており、青春前期の姿を彷彿させる。

次に紹介するのは、佐藤哲雄氏であるが、氏は中津中学、熊本五高、東京大学、満鉄本社という具合に同時ながら、残っている文章が細切《こまぎ》れなのが残念である。

一年先輩のクラスでは、二人の秀才が目立った存在だった。一人は下村信貞さん、もう一人は友岡久雄さん(故人)である。

二人でクラスの一、二番を常に争っていたような記憶がある。中津中学はどちらかと言えば、あまり都会的感覚のある中学ではなかった。従って卒業生が当時の高等学校に入学できたのは、クラスの代表的秀才二、三人という相場だった。下村さんも友岡さんも流石は逸材、無条件で五高英法科に進学された。その友岡さんは、東大卒業後、法政大学教授を長く勤めた学者だったが、病いを以て割合に早く世を去られた。（中略）

〔五高の〕下村さんのクラスには、所謂人材が揃っていた。元東大法学部教授の末延三次さん、元大蔵事務次官の山田義見さん、評論家の細川隆元さん、外務省条約局長だった西村熊雄さん（故人）、経団連事務局長だった堀越禎三さん等々がいた。

下村さんは、たしか五高には、中学卒業時の優秀な成績の為、無試験入学だったと思うが、逸材揃いのクラスでも常にトップグループの仲間に安座していた記憶がある。

校内の弁論大会にも出席して、雄弁を揮われた思い出以外に、珍しく学校主催のマラソン大会にも出場、元気一杯で、完走したのには驚かされた。（『追想録』二一五〜二一六頁。［　］内は松井による補足）

さて、そこで五高の校友会雑誌を通じて、弁論大会の件を調べてみたが、皆目見当はつかなかった。ただし、大正八年五月の五高竜南会《りゅうなんかい》雑誌に掲載された「青年我の改造と知的解放」という題の、かなり長文の文章が見つかった。妻女下村米《よね》女史の深意を汲んで、長文ながら書き抜くことにした。

先づ筆者はどこ迄も一個の青年であり、現代の社会組織、狭くして竜南という一個の体制の下に生活しているものであることを叫んで、論に這入るとする。

如何なる人間といえども、一個の体制の下に生活する以上、絶対に二重生活なるものから脱することは出来ぬ。もしその体制の形式が如何に自由であっても、吾人の個性は決して無条件にそれと合一するわけには行かぬ。従って一方に周囲に適応して行くと同時に、他方に自己の個人性を生かし得るだけの自由生活を営まない訳には行かぬ。而してその自由生活なるものは主観的のものであって、客観的に之を非とし、外部からある圧迫や束縛を加えるのは、その人間的内容をして混濁せしむるものである。久しい間の体制の因習の為に、又は一時的のその圧迫の為に ― これ等は意識するよりもむしろ無意識的に受け入れられることが多いが ― 単に此の体制に順応（盲従といった方が更に適切であるかも知れぬが）することのみに生活して行くということは ― 絶対にそうである場合はあり得ない、程度上の問題となって来るが ― 道徳性より見て無価値な個性を意味し、人間的内容に於て零であることを示すものである。そして、之は個性的奔放と自由とが、その思想なり行動なりの主脈をなして居る可き青年に於て、更に強い意味を有するのである。

以上の如き前提から進んで、すべての方面より見て我国が始めて世界的という概念の内包に価し得るに至り、従って過渡期の特性として必然的に、あらゆる方面に改造、或は創造の叫ばれる現下の実状を考察するならば、積極的見地に立った青年我の改造と、消極的見地に立った知的開放が、刻下の根本的要求のアルファでありオメガであらねばならぬと、吾人は信ずるのである。

そして吾人の現実の生活が周囲、或は体制の生活に接着するか矛盾するか、兎に角両者の交渉の破れた時に、吾人が感ずる意識の動揺が ― 無論それは種々の動因に分化されるが、中でも ― 道徳的価値に富んだ、尤も積極的発作としてバランスを得んとするのが改造なるものの動因、若しくはそのものであるとすれば、現代は如何に強烈に、此の種の動揺を吾人に感ぜしめているであろう!殊に現代の青年我というアトモスフィアが、如何に重苦しく改造の要求にて飽和されていることだろう。

然らば此の意識の動揺なり、低気圧なりを如何に調節するか?吾人は徹底的個人主義という語を借りて来て、先ずその根本的要素の一として叫ぶこととする。その表現に多大の困難を覚え、遂に不満を有ちながら此の語を持って来るのは、他面に於て、現代の青年のあまりに多数が抱持している、誤りたる個人主義に対するアンチドートとして、且は、固陋なる明治の中老に対する警鐘として、その文字の適切を思うからである。

何人も自己を愛せぬものはあるまい。万一之を否定する人があるとしても、意識を失わない限り、その否定そのものの動機ともなっているとみられる思想に、客観的に此の自己を愛するということを発見するのである。而して真に自己を愛し、自己を敬するものは、自己の充実に生の存在を置かねばならぬ。即ち自己の内包を可及的に拡大せねばならぬことは知れている。そして、自己拡張の唯一の方法 ― 寧ろ不可分的根本要件は、自己の生命の中に周囲の多くを包容することでなければならぬ。前に述べた意識の動揺の有無、強弱の度合によりて此の順序に行かぬことがあるとしても、自己の生命の中に家族を容れ、社会を容れ、国家を容れ、更に広く人類を包容せねばならぬのである。究極は宇宙そのものを自己の中に見出さねばならぬのであるが。

だからして之は決して、前述の人々が誤解するような周囲の否定ではなくして、その肯定を意味しているのである。如何なる人も充実なるものを自己生存の意義に需むる外はないといったが、生の充実なるものは、自己と周囲との関係に因ってのみ生まれるのである。否、自己そのものが既に関係的存在ではないか！周囲無くして果して吾人が自己の生なるものを想像し得るか！だからして周囲の否定は畢竟自己否定に外ならぬ。此の意味に於て、自己の肯定即ち周囲体制の肯定を意味するのである。 ― とすれば、茲に問題が起って来る。然らば主我主義も主他主義も畢竟不可分的のもの、寧ろ一個のものに対する名称観察の差のみではないかと。なるほど、自己の内に周囲を発見するか、周囲の中に自己を没入するか ― 一見同じである、又徹底的に主義に覚醒したる人は、その心理的差別は別としても、あらゆる点に於て殆ど同一といってよいかも知れぬ。併し乍ら、それは合理的根拠の上に立っているのでは無くして、仮想的若くは誇示的感情から割り出されたものではあるまいか？いやしくも自己に覚醒したるものが、如何にして自己を方便視し得るか、知的奴隷として甘んじ得るか、且又かゝる人にして始めて、一部の人々の仮想的産物たる徹底したる主他主義、周囲に自己を没入するの状態は、実現し得るのである。

吾人は周囲を拒絶せんとする謬れる個人主義を大々的に排すると同時に、自己を没却し自己を奴隷視する所謂主他主義なるものを極力排して止まないのである。

（中略）

かくの如き青年我の改造を主張して来た吾人は、一種のデカダン的気分と軽薄暴虐性（端的に云い表はし難いが）とよりして、世の道徳律や体制を維持するに必要とせらるゝ規則なるものを意識的或いは無意識に破る思想なり、行為なりをも極力排することは言を俟たぬのである。吾人の所謂青年我を持続し保存して止まなかったとも見做し得るローズウェルトの生涯、殊にその著『奮闘的生活』を見るものは、いかに彼が極力勇気《カレッジ》と大膽《ボールドネス》とを鼓吹すると同時に、徳なるものを高唱していたかゞ分るであろう。

少しく気分の弛緩を覚えた筆者は、更に勇を鼓してペンを採ったのであるが、先ず直ちに頭に浮かんで来たのは、青年我の改造と常に関聯せねばならぬ所の理想の確立ということである。徹底力の薄弱を怨む（又同情もする）点はあるとしても、吾人が多大の共鳴点を発見した前号本誌の戸沢教授の小論文に、理想に就いて言及されてあったのは一種の喜悦を筆者に与えたことを附言して次へ遷る。

Determinatio est negatio!（決定は否定である）という語がある。実に決定の無い所に生活のある筈は無く、結局生活することは決定することである。だが一つの決定は、多くの否定を俟って成り立つものである。だからして、一つの理想を決定するには、それと平行し、矛盾する多くの欲望を否定して、始めて実現されるのである。無論、ある人が多くの欲望を否定して一つの理想を決定するには、彼の現在有する能力と、現在置かれたる境遇とからして、彼の全人格が最善の方針として選択した結果であるから、その結果の中には物理的には兎に角、精神的には採用された理想と共に排斥された欲望も、その時、その場合に可能である丈の程度に実現し、満足を得て居らねばならぬ。けれども此の事実は、独り彼の理性の納得するところのもので、感情は容易に納得し得ないのである。即ち、彼は決定した理想を持ち乍ら、否定した欲望に執着しようとするのである。これは北に向って台湾に行こうとし、南を仰いで北斗を見ようとするに外ならぬ。前述のように、徹底性と自由精神とを高調したのも、此等を解決する一歩であり、下地であると考えたからである。

尚進んで如何にして理想を確立す可きかの問題に移れば、現在の筆者は多大の困難を感ずるのである。だからして、具体的に亘ることは（不必要でもあるが）止めて、単に吾人の以って之が最大根本要件と思惟する。深く観察し、強く鑑賞し得る知識に就て述べることゝする。

ローズベルトが勇気と徳義との併有を力説したのに反対して、田中王堂氏は次の如く言っている。

「今日の米国の大患は、徳義を欠ぐことでも、勇気を欠ぐことでもなくして、彼等の当に有しなければならぬ種の知識を、当然彼等が有たねばならぬ量に彼等が有たぬことである。（中略）、彼等が現在の状態と傾向とを洞察するの知見を有たぬ為に、一方彼等の徳義をして勇気を伴わしむることが出来ず、他方彼等の才幹をして節操に服せしむることが出来ないのである。」之は直ちに我国に移して三倍も四倍も事実の真相に触れているものとしなければならぬではないか。(『福沢の智徳論』)。斯の如く見て来て、知識は結局理想に与えた又の名称に過ぎないし、道徳は実行に与えられた又の名称に過ぎないとするならば、理想は実行の端緒であり、実行は理想の終結であることは自明の理である。(本書では、右の文章を『追想録』三〜九頁より引用した)

田中王堂氏との交際は、下村信貞が東大に進学して後も続くことになる。その意味も込めて、この章はこれまでとする。

第十二章　東大法学部入学

先づ、築上郡友枝村東上《ひがしかみ》出身の末松偕《かい》一郎家の二階に下宿することになることを書いておきたい。

そこで、この末松偕一郎なる人物の正体から説明することにする。

『広報　豊教だより』第九十号（平成二十二年九月一日）には、次のように説明されている。


末松偕一郎は明治八年六月一八日、築上郡友枝村東上の医師末松玄洞の三男として生まれる。豊津中学に学び、四年生から五年生に進学のときは平均点九六点、百点が八科目もあったまれにみる秀才であったという。

東大法科三年のとき高等文官試験に合格、東大在学中に高文にパスしたのは彼が最初であったという。

東大法科を卒業し官吏となり静岡県事務官、山梨県警察部長、法制局兼行政裁判所評定官等内務省や台湾総督府につとめ、その後徳島、滋賀、茨城、広島等県知事を歴任。地方行政のベテランでその方面の著書「行政法」「自治制大意」「市制町村制正義」等出版した。

又明治大学、拓植大学の各講師をしたり向島高等女学校長、九州歯科医学専門学校理事長を勤めたりしている。

知事を退いてから郷土から代議士に出馬、数回当選、浜口雄幸内閣（民政党、昭4年7月—昭6年4月）のとき江木翼鉄道大臣のもと鉄道政務次官を勤め代議士として郷土のためにあらゆる努力を惜しまなかった。又後進の指導等も、豊津中学ではたびたび講演、育徳寮に泊って寮生と夜おそくまで対談した。

晩年別府市の切なる要請にこたえて大物市長となり、温泉にしたり泉都の市政に尽しその現職中に逝去された。

彼は清潔な人で、ウソの言えない正直な能吏型、学者型の政治家だった。一度大臣にと郷土の人々の期待も強かったが果し得ず深く惜しまれた。（岡崎晃による記述）

次に『下村信貞追想録』から、末松偕一郎の長男・末松満氏の回想記を書き抜くこととする。題は「二階の住人信貞兄さん」である。

下村信貞さんの母と、私の父とは、従兄弟（いとこ）だったという。したがって私と信貞さんとは、再従兄弟（またいとこ）であるはずだが、特に戸籍を調査したことはない。

作家の富士正晴氏は、昭和五十二年から「中央公論」に「大河内伝次郎伝」を連載した。

大河内伝次郎といっても、近ごろでは記憶にない人が多いが、昭和初期には剣劇映画俳優として人気抜群、サイン攻めになるのを避けるため、列車に乗るときは編笠をかぶり、尺八を手にして虚無僧に化けていたという人物である。のち東宝の重役となり、彼が住居した京都嵐山の大河内山荘は、いま京都の観光ルートになり、バスが団体客を運んでいる。

「大河内伝次郎伝」は、その後、単行本として中央公論社から出版されたが、彼は福岡県築上郡岩屋村字大河内（オカワチ）出身、芸名の出所はこれである。本名は大辺男、男と書いてマスオと呼ぶ。この大辺家と下村信貞さんの下村家、そして私どもの末松家は、昔から医者と学者の家柄であり、婚姻を重ねてきたらしい。

明治中期の築上郡史に、末松玄洞という人物が出ている。「幼時儒学を学び、のち医術を究め、小倉藩侯の侍医となり、明治十二年初代県会議員たりしが、忽ち辞して生地友枝村に帰る。読書万巻、骨董千種、みな家に蔵して小博物館を為す、一生淡々たり、奇行多し」とある。その玄洞の三男が私の父偕一郎だが、玄洞の甥や姪、つまり私の父のいとこが多数おり、それらが下村家、大辺家などへ入ったのであろう。

明治八年生れの父偕一郎は、小学校だけ築上郡内で修了したが、中学校はなかったので、小倉の藩校だった豊津中学校で学んだ。信貞さんの頃にも未だ中学校はなく、隣県大分県の中津中学校へ通った。

私の父偕一郎は熊本の第五高等学校へ進み、夏目漱石から英語を習ったそうだが、東京帝国大学ではは法律科でドイツ法を専攻した。明治三十五年に卒業の時は、恩賜の銀時計を拝受する秀才ではなかったが、高等文官試験を在学中にパスした日本最初の人として、就職は望みどおりの内務省であった。まもなく誰の推せんか知らないが、板垣退助と共に自由民権運動を指導した土佐出身の政客で、大隈内閣の農商務大臣を辞したばかりの大石正己の長女満寿意と結婚した。私が生れたのは明治四十五年だが、そのころ父は、清国政府の法律顧問の一人として、満洲の奉天（いま瀋陽）に在勤していた。私の名前が満洲の満か、母の一字をもらったのか、福岡出身の怪物頭山満にあやかったものか、明らかではない。

私は母と二人で、祖父大石の屋敷に近い柏木（いま東中野）の植木屋の離れに住んでいた。大石の屋敷は約二万坪、池あり森あり、狸も住んでいたらしい。祖父は私を膝に乗せて晩酌をたしなんだが「大きうなったら牢のめしを食うようになれ」としばしば言った。明治二十ごろ、藩閥政権の言論弾圧で逮捕され、そこへほうり込まれたことを自慢にしているのだが、母は「人聞きが悪い」と怒って酒盃をとり上げた。

父は東京へ帰って法制局参事官となり、かたわら明治大学で行政法を講義したが、私は本郷区西片町（東京帝大前）の誠之幼稚園、誠之小学校（いずれも本郷区立）へ通った。大正七年十一月、第一次世界大戦が終り、翌年ベルサイユ平和条約が結ばれたが、父はこの機会にヨーロッパの戦後処理ならびにウイルソン大統領の唱導する理想主義のアメリカを見聞したく、それを条件にして内務省から台湾総督府へ転出した。欧米巡遊ののち財務局長、ついで内務局長となったが、母ならびに、私ら子供五人とは永い別居生活が始まった。

母は子供を数多く産みつづけたために、内臓下垂症になったとか医者に言われ、なんとなく病身となり、風邪にも胃もたれにも床についてしまう弱い母になった。大正九年三月、私は開成中学へ一番の成績で入学した。両腕に級長のしるし白線を巻いた制服が家に届けられたのを見た母は、級長として号令をかける私の姿が見たいと言い、無理に病床からぬけ出し、屋外で挙行する入学式に参列した。寒い日であった。私が母と一しょに東京の街をそぞろ歩きしたのは、その日が最後となった。

東大法学部に合格し、九州から上京した下村信貞さんが、私の家の二階で暮すようになったのは、この時である。母は寝たきりで何のお世話もできないが、永く住み込んでいた女中さんが二人、その上、台湾総督府東京事務所に勤める前田君という青年が書生として同居していたから、人手は十分あり主人不在の家ながら賑やかで、不便も感じない生活であった。

母も私も信貞さんとは初対面だったが、聡明な輝きを目に浮べ、風格ある物腰の信貞さんとは忽ち打ち解け、母は弟のように、私は兄のように、信貞さんを遇する気持になったのである。

八畳敷の日本間の中央に、敷き布団を三十センチ以上も重ねて母は寝ていた。二階から降りてきて信貞さんは、その枕もとに座りこむ、さまざまな本を読んで聴かせたり、青年の理想や人生観を話しこんだり、母にとっては全く未経験の世界なので、いつも楽しそうに微笑んでいた。

病室とふすまで隔てた隣室で、私たち兄妹は寝起きしていたが、ある宵、信貞さんが朗々たる声で、何か書物の一部を暗誦していたのが聞こえた。「いかに美しく空に輝けばとて遂には沈むべき陽ぞ、青春、人をして幾ときぞ、思えば惜しき過去なりき……」私もふすまを開けて病室に入り、母の足もとに座って信貞さんに「青春というのは何歳くらいからなの、僕はいつから青春になるの？」と問いかけたところ、信貞さんは「何歳から何歳までというのでなく、漠然としているのが青春の好いところだよ」と答えてくれた。母はうっとりと夢見るような眼差しで、私を眺めていた。美しい母の笑顔であった。そのとき信貞さんが暗誦した言葉がどんな書物の中にあったのか、たずねなかったし、あるいは忘れたのかもしれないが、高山樗牛の「わが袖の記」か、「滝口入道」の一節ではなかったろうか。

病床の人となるまでの母の机の上には、高島平三郎の「児童心理学講話」とか、羽仁もと子の月刊雑誌「婦人の友」などが並んでいたが、このころの母の枕もとには、有島武郎の「カインの末裔」「小さき者へ」のような新刊小説や、倉田百三の「出家とその弟子」賀川豊彦の「死線を越えて」が並ぶようになった。明らかに、信貞さんの推賞にしたがったものである。

私はそれらの本の買い出しを母に頼まれ、神田の三省堂や東京堂へ足繁く通いはじめたが、家の近所の本屋とちがって、何時間立ち読みしても気兼ねは無用、しかも書物は古今東西に互って無尽蔵の感さえある。学校の教室以外に、こんな勉強ができるのか、と思い知ったものである。

二階の信貞さんの部屋には、友人の東大生が入れ替り訪れ、談論風発、深夜に及ぶことも多く、わが家から三百メートルほど北にある市ヶ谷河田町の停留場まで、赤電車（終発車）を追いかける物音を聞いたのもしばしばであった。

それら友人の中でも友岡久雄、伊ヶ崎卓三ご両人と最も親しいように見受けられた。のちに経済学者として法政大学総長にもなった友岡さんだが、学生時代は貧書生だったらしく、今でいうアルバイト（当時は全く別の意味だったが）の帰り途に信貞さんを訪ねてきた。

現在、日本中で地価が最高なのは東京山手線の新宿駅東口、高野果物店の前だが、その隣りにパン屋とライスカレーで有名になった中村屋がある。大正時代に、中村屋の方がおそらく先に開店したように思うが、創業者が思想家であり学者でもある相馬夫妻ということで一層有名になった。

ロシア大革命が起る三年前、帝政に愛想をつかして日本へ亡命した盲目の詩人エロシェンコは、中村屋の二階にかくまわれていたが、大正九年、その神秘的な風貌に魅惑された鶴田吾郎、中村つね両画伯は、それぞれエロシェンコの肖像を描いて画壇の注目を浴びたが、いまその一枚は中村屋の四階に、他の一枚は国立近代美術館に、日本の名作として所蔵されている。

エロシェンコの肖像が評判になったちょうどその頃、信貞さんの親友友岡久雄さんは、エロシェンコのわび住いを訪ねて学資稼ぎをやっていた。エロシェンコ自身も、まさかモデル代で稼ぐなんぞとは思いもよらなかったので、童話を創作し、それを出版して生活の資としていた。そこで友岡さんの役割りは、エロシェンコが語るたどたどしい日本語を、立派な日本語に作り変え、出版社へ渡す原稿にすることであった。その際「……である」とすれば三字だが「……であります」

と書けば五字になる。それだけ原稿料が多額になり、エロシェンコも友岡さんも潤うのである。新宿の中村屋から私の家まで、直線距離でおよそ二キロ。友岡さんは和服に小倉織の袴をはき、下駄で歩いてきたように思う。そういえば信貞さんも、いつも和服で袴、下駄ばき、東大の制服姿を見た覚えがない。（『追想録』二九〜三四頁）

末松満氏の文章は、この後大正十一年に移る為、大正十年に起った大事件や労働運動に触れておく必要があるかと思われる。

まずは、右に登場するロシア詩人エロシェンコが五月に日本政府から退去命令を出されたことを書いておかねばならない。

一方で、二月に金子洋文らを中心に文芸誌『種蒔く人』が創刊され、プロレタリア運動の先駆をなした。さらにこの年には、鈴木文治らを中心にして日本労働学校が開設された。労働運動が盛んになり、三月に足尾銅山の争議が勃発、四月には大阪電灯会社の大罷業（ストライキ）が勃発し、七月を中心に神戸川崎造船所においてもストライキが勃発し、三万人以上の職工が参加した。しかしそれに対する抑圧も厳しくなり、五月、日本社会主義同盟に官憲からの解散命令が出る。

社会は騒然としていて、二月には、大本教教主の出口王仁三郎らが不敬罪で逮捕され、十一月には首相の原敬が刺殺された。世の中には「船頭小唄」が流行して、世相は暗かった。また、「馬賊の唄―せまい日本にゃ住みあいた」という歌が学生などの間で、盛んに唄われた。

下村信貞に関連したこととしては、東京帝国大学の有名な安田講堂がこの年着工された。これは安田善次郎からの百万円の寄附金が元になったが、その安田も九月に暗殺される。さて、このあたりで末松満氏の手記に帰ることにするが、時代は激しく揺れ動いていた。

大正十一年、私は開成中学の三年生になった。一年生、二年生と級長だった私の学業成績は下がり、洋服の腕に巻いていた白線も返上したので、病床の母にはすぐ看破された。金ピカの大礼服を着る勅任官になって、権力を握る地位に立つことが、母が私に対する期待像であったらしく、それには学校で一番になるのが順序であると思っていたらしく、私が小学五年生になったころから、全甲の中に乙が一つ混じっても残念そうで、今日の「教育ママ」に似ていたが、中学三年生にして級長の座から転落した私に叱言一つ言わなかった母の心情の変化は、信貞さんの感化だったように思う。

信貞さんが東大法学部の学生でありながら官吏万能論に同調せず、人生にはもっと楽しい道があることを、文学や社会問題を通じて母に教えてくれたのである。

既にそのころ、私自身にも心の転換期が来ていた。同級生の芦原英了（シャンソンの家元として去る三月二日死）、小出民声（早川二郎と称しプロレタリア歴史学、変死）らを親友とし、上級生の滝沢修、金平軍之助（いずれも俳優）などと校友会雑誌の委員にもなっていたから、級長なんぞに未練はなかった。

ある日、見知らぬおばさまが、お嬢さんを連れて、母の病気見舞に来宅された。このおばさまは、母が華族女学校（のちの女子学習院）に在学のころ、英語の家庭教師をして下さった方で、その後、瀬下代議士夫人になられたという。そしてこのお嬢さんは、仏英和女学校（いまの白百合学園）の生徒だと紹介された。私は誠之幼稚園から誠之小学校へ上る時、卒園生の代表となり、女の子（東大教授田丸卓郎理博の令嬢）と手を握り合い、多数の来賓の前で園長先生にお礼のあいさつをしたことがある。それが評判となり、小学校在学中も折につけ冷やかされたので、子供ながらの異性恐怖症となり、開成中学三年生になるまで、女の子の友だちは一人もいなかった。

信貞さんの言葉によれば、青春の入口近くまで来ているはずの私である。いま母の病床の傍らに、美しいお嬢さんと並んで座っているだけで、私の胸はどきどきした。お友だちになれたら嬉しい、とも考えた。この美しいお嬢さんこそ、のちの下村信貞令夫人よね子さんだったのである。

（中略）

信貞兄さんが我が家の二階を去ってから間もない大正十一年十月一日、中野正剛邸の集まりへ、信貞さんが連れていってくれた。信貞さんをはじめ東大の学生ばかり数名、その中に中学三年生の私が混じっていたわけだ。ほかに枡本卯平という人がいた。当時発足したばかりの国際連盟の世界労働会議へ、日本の労働代表として出席した人ではなかったか。一労働者ながらアメリカで武勇伝を発揮した、というような気焔を聴いた。いずれにせよ、夕食を頂戴したのちまでも談論風発、音に聞く九州の豪傑連の結社「玄洋社」とはこのようなものか、と思い到るような一夜であった。

また、その年の十二月、インド並びにペルシアの志士といわれる人が来日したときには、中野正剛、満川亀太郎両氏を中心に集会があったが、このときも信貞さんに連れられて中学生の私が混入した。信貞さんは早大の杉森孝次郎先生を尊敬しており、しばしば御自宅をお訪ねした。ここへも「連れていってやろうか」と信貞さんは言ったが、杉森先生の文章の中に「破壊を意味する破壊を破壊する破壊は、破壊を意味する破壊ではない」という一節があるのを読んで、「これは哲学というものですか、とても中学生の文学少年には判りません」といって行かなかったことがある。あとになって杉森先生のお声だけでも聴けばよかったと悔まれたことである。(『追想録』三四〜三八頁)

末松氏の回想にもあるが、下村信貞は大正十一年の夏、末松家の二階を去った。そこには父から依頼されたある事情があった。下村家の長男政治《まさはる》は当時、早稲田大学の学生であったが「女郎買い」に深入りして、故郷の両親に心配をかけていた。その放蕩息子の兄の始末を、信貞は父から依頼されていたのである。いくら小学校の校長職にあっても、三人の男の子に学資を出していたので、手元が苦しかった。親戚とは言え、末松氏に家の恥を明かすことはできない。そこで、次男の信貞が兄政治と同居して、朝晩の世話をすることになったのである。兄政治も一家の経済的な窮乏を無視するほどの「悪《わる》」ではなかった。この兄弟同居が成功して、どうにか長男政治は早稲田大学を卒業することができた。職を得て、一人だけでも学資が助かったので父は次男信貞に感謝するところが深かった。

下村信貞は、大正十二年、東京帝国大学法学部を卒業した。

第十三章　満洲へ渡る

次に書き抜くのは、下村信貞の弟利雄《としお》の回想である。

大正十二年東大を卒えた兄は一時東京の五中に教鞭をとった。ある一学生から「今度見えた若い下村という先生は、今迄の先生と桁が全然はずれて面白い。英語の時間に教科書を抛り出して英語の恋愛詩ばかりを教える」と笑いながら話してくれたことがあった。一方、瀬下米子さんとの二人の愛情は、更に深まっていった。（『追想録』二二頁）

また次は、前章で引用した末松満氏の回想の続きである。

大正十二年春、私は四年生に進級したが、成績は九十六番、級長どころか劣等生の部類に入った。信貞さんは東大を卒業し東京府立五中の教職に就いた。五中は、東京府立中学校の中でも最も新しく大正八年に開校したばかりで、大正デモクラシーの波に乗っていた伊藤長七氏が校長であった。当時、大日本教育会長だった沢柳政太郎（元京都大学総長）と同じく信州松本の出身で親しく、共に自由主義教育を目指し、例えば中学生に制服として背広を着せたのは、沢柳氏創立の成城学園と伊藤校長下の五中だけであった。

私が開成中学校で最も尊敬していた下沢瑞世という東大出身の西洋史の先生も、信貞さんと一緒に五中へ転じていた。五月十二日、五中は何かの記念日で授業はなく、私は信貞さんに誘われて訪れたのだが、弁論大会へ招待弁士として飛び入り出演しろ、ということ。私は二年生の秋、開成中学の校友会雑誌に「アジアの理想とその現勢」という信貞さん受け売りの論文を書いたことがあるので、それを思い出しながら五中の校庭で三十分ほど練習して演壇に立った。弁論大会の閉会の辞は信貞さんが述べたが、型どおりの挨拶ではなく、当日出演した誰よりも雄弁で熱情あふれ、大喝采を博した。

（中略）

夏休み。私は房州館山にある祖父大石の別荘で、毎日泳いだり魚を釣ったりして遊び過ごし、八月三十一日に帰郷したが、翌日は関東大震災だった。牛込の家は、信貞さんが寝起きした二階の屋根瓦が庭の芝生へ落下した程度の被害で済んだ。信貞さんは見舞に来てくれたが、すっかり変った末松家の家庭の空気には、なじめなかったらしい。

十月二十三日の私の日記には次のように書いてある―信貞さんは満州の広野へ去った。僕の生命にいつも活気を吹き込んでくれたのは彼だったのに。限りない寂涼を感じる。（『追想録』三八

〜三九頁）

下村信貞は、短期間五中で教鞭をとった後、満洲に渡ったのである。

以下に書き抜くのは、押山《おしやま》保常氏の「下村信貞先生」という題の回想記である。

下村先生は大正十二年（一九二三）秋、初めて大連に上陸された。東京帝国大学法学部をその春ご卒業になり、東京に居られたのであるが、この年九月一日関東大震災に遭遇された。やむを得ず、どういうお積りであったか、その年の春満鉄に入社されていた友、伊ヶ崎卓三氏を頼って見物がてら、東京が落ち着くまでと大連に来られたらしい。丁度この年は、私が南満工専に入学した年であった。校長の今景彦先生は、工学の亜流教育に批判的で新機軸を出すべく、意欲的に学科課程に取り組んでおられた。現在の日本の大学の一般教育（これは主として人格教育をねらった学科目の集合）は形式上絢爛たるものであるが、当時技術教育の一専門学校にそんな立派な学科目のある筈もなく、私の記憶するところでは「現代文化」という一学科目でこれらを総轄していたように思う。

この科目は、当時満鉄の大連図書館長柿沼介氏の担当であった。柿沼先生は、その年満鉄より海外留学を命ぜられ、教壇を去ることになっておられた。その後任として下村先生が赴任されることになったのである。誰の推薦でそうなったのか承ったことはないが、今校長と意気投合されてそうなったのだとの風聞が流れた。

「現代文化」の講義は、校舎正面の一番東側の階段教室で行われた。二百人ほど入れる教室であった。

先生が大学に在学された時代は所謂大正デモクラシーの時代であったし、東京帝大では新人会の発足した頃でもあった。そのような風潮のせいか、唯物論の立場からは、マルクス経済学や、社会主義の話、唯心論の立場からはキリスト教やマホメット教の話など講義してくださったように記憶している。

「現代文化」の外、先生は週二回ドイツ語の文法と講読を担当された。この科目は三十人ほどの級であったので、和気藹々且つ楽しく教えていたゞいた。

その頃、杉森孝次郎のマホメットに関する著書「聖雄主義」や、社会主義、共産主義に関する種々の本など、理解不充分のまま読んだものである。

フォイエルバッハの著書をかじって、先生にレポートしたことなどがぼんやりと思い出される。ドイツ語も面白く、なんとかマスターしたいものと、ハイネの詩とか、レマルクの「西部戦線異状なし」などを、原書で字引きと首っ引きで読む努力をしたものである。技術を学ぶために語学があるのではなく、むしろ趣味、大げさに言えば教養のために語学の価値を認めていたのである。

先生はご存知のように、日本人離れをした体躯と容貌を持っておられた。身長五尺八寸余、白皙で眉目秀麗、偉丈夫と形容したい風貌をしておられたが、それでも何処か女性的な暖かさと柔かさを持っておられた。真冬零下十度という時にも旧高校生の着用した霜降りの詰め襟服を着て、黒のマントを引き掛けた先生の姿はたまらない魅力であった。年齢もわれわれ学生とあまり違わなかったし、兄貴という気持も手伝って、先生の人気は正に圧倒的で、先生の講義の時間が楽しく待ち遠しかった。(中略)

昭和四十三年(一九六八)から四十四年にかけて、日本の大学でも外国の大学同様、学生の反乱が起ったが、この時、カリキュラムの中の一般教育がその形骸化のために、学生によって激しく攻撃を受けた。

一般教育科目のような、人間の精神に関連する講義の成果は全く講義する講師に問題があるのであり、若し下村先生の如き人が担当して下さっていたならば、あの激しい学生の攻撃も一遍に消し飛んでしまうであろうと、機会ある毎に反省させられた。

大正の末期、日本の殆んどの高校、専門校に、社会科学研究会が誕生していた。満鉄工専にも貧弱ながらそれに似た集りがあったように思う。下村先生が直接この種の会合にかかわりを持っておられた様子はなかったが、広い意味の啓蒙的役割は、担当科目の関係から自然発生的に起きていたであろう。満鉄調査部の伊藤武雄氏、朝日新聞の嘉治隆一氏等が来連された時、その方達を招いて講演会を開き、又東京市電のストライキに関して学生討論会を大講堂で催すなど、先生のご活動は活発で、われわれを啓蒙することが多大であった。

大正十五年（一九二六）南満工専の廃校問題が起った。この問題はこれより先、十月三十一日満州日々新聞に、満鉄当局で検討中であるという記事が載ったのであるが、われわれは余り注目しなかった。それが十二月初めに突如実現されるかのように報道されたのである。この時から存続の決定した十二月十四日迄、全校を挙げて存続運動に奔走した。大連市民、旅順工大生等の応援も並々ならぬものがあった。

廃校問題における先生のご活躍は、目を見張らせるものがあり、学生の指導、満鉄当局、関東州庁への陳情等、八面六臂のお働きだったそうである。又十二月八日夕方六時より、キリスト教青年会館にて開かれた存続大演説会では、市民代表、教職員代表、学生代表と共に、先生も熱弁をふるって聴衆に多大の感銘を与えられた由である。（中略）

南満工専の廃校問題は、下村先生の英知と指導性の一端を垣間見る一事件として興味深い。昭和三年、数々の光芒を残して、先生は満鉄哈爾濱事務所に配置換えになり、南満工専を去って行かれた（『追想録』四六～四九頁。なお『追想録』所載の「下村信貞略年譜」二三〇頁では、ハルビンへの移動を昭和二年としている）

南満工専とは、南満洲鉄道（満鉄）が大連に設立した南満洲工業専門学校のことである。下村信貞はここで数年間教えていた。瀬下米と結婚したのもこの時期である。引用した回想に書かれているように、東京の五中に続いてここでも多くの学生に強い印象を残したようである。この後、下村は満洲北部のハルビンにある満鉄哈爾賓事務所へ移り、さらに満洲国外交部の官吏となる。大連時代の彼のエピソードについて、押山氏はさらに次のように書いている。

南満工専の校舎の中で、学生寮で、先生の下宿で、又大山寮［満鉄独身寮］で、先生に種々のお話を聞いた。思い出すまま述べて見たいが、甚だ断片的で、雑駁になることをお許し下さい。

先生は大学在学中講義には、殆んど出席されなかったそうである。学外の知名人を訪ね、教えを乞うことが多かったそうである。早大の先生だった杉森孝次郎先生の処へは、よく出かけられたそうである。欠席日数がある限度を越すと卒業が自動的に不可能になる今の大学と較べて、羨しい限りである。

先生は大連に上陸された時、既に「ヨネ」夫人との結婚を決定しておられたようである。夫人の家族は母一人、妹一人、ヨネさまが先生と結婚なさると夫人の家の跡継ぎが無くなるということ、その場合にはお子様の一人を将来跡継ぎにする方針であることなど、度々聞かされた。

最愛のヨネさま及びそのご家族を東京より連れて来られたのは何時であったか私は忘れたが、処は大連市真金町八六番地の満鉄社宅であった。大正十五年十一月二十二日、私はその日に大山寮を引き払った先生のお宅に泊めていただいた。翌二十三日には、中野電信連隊に入営のため、先生や友人に見送られて大連埠頭を出航した。ヨネ夫人には失礼かもしれないが、夫人は丈高く、みめ麗しく、健やかで、大変な美人であられた。先生のご容姿と相映発して、美しいご夫婦であられた。ハルビン満鉄事務所の竹内仲夫さんは羨望の眼をもって、よくこの美しさを語られた。このヨネ夫人に私の薄汚い靴を上船の朝奇麗に磨いていただいて驚き、且つ感激した。寮生活になれた私には、美しい靴は甚だ似つかわしくなかったのである。（中略）

満州国に出向される迄は、よく出張で大連に来られた。安直だったので、大山寮の空き部屋を宿にしたいと頼まれることが度々あった。先生は要人を訪問する事を苦にしない方であった。初めて大連に来られた頃にはよく「国士金子セッサイ翁」［金子雪斎］を訪問されておられた。何時だったか、石原莞爾将軍の信望が厚いと言われていた満鉄調査部の宮崎正義氏を黒石礁の家に訪問するからと、お伴をさせられた。宮崎氏は庭を掃いておられたが、先生の最初の挨拶が「労働ですか」であった。耳なれない挨拶だったが、相手の人を考えた場合、適切な言葉だったかもしれない。

夕食に相伴させられたり、一緒に占い師の処へ足を運んで占ってもらったり、ダンスホールにお伴させられたり、他愛もない生活の断片が種々思い出される（『追想録』五〇〜五二頁。段落冒頭の（イ）〜（ニ）の符号は省略した。［　］内は松井による補足）

『追想録』からもう一つ、回想を紹介したい。深井富之助氏の回想である。深井氏は南満洲工業専門学校での大正十二年の出会いについて語っている。

私が文字通り、何の縁辺もない満州に漂然と新天地を求め、この学校の建設工業科建築分科の一年生として籍をおいた日 ― 大正十二年であります。この夏の終り近い九月初めに、東京はあの大震災を受けて崩壊に瀕しました。下村さんはその時東京駅にいて震災に遭われ、その足で一路満州に渡って来られたそうであります。お互に見知らぬ異国の大陸の秋に、先生と生徒として、私は初めて下村さんにお目にかかりました。

階段式の物理化学教室で受けた最初の講義に、心の洗われるような新鮮な印象を受け、私は強い感動を覚えさせられました。以来二十有余年、（中略）人間の熟成する多感な青壮年期に、終始寄り添う間近で、直接その御指導にあずかったことは、まことに不思議な御縁でありました。

学生時代、公けには現代文化批判の講座を週一時間受けたに過ぎませんでしたけれども、私は下村さんの事実上の主宰であった ― 今で云うクラブ活動 ― 亜細亜会と呼称した研究会で、国際情勢と社会科学に、専門の学業を越えて情熱的に傾斜していき、私の人間的な目覚めは、この時に始まりました。文字通り下村さんは私にとって得難い恩師であります。片言隻句のうちに無限の教訓があり、その感銘の大きかったこと、今思い出しても生々しい懐しさをありありと覚えさせられます。特に、下村さんの高潔な気風に私は圧倒された。（中略）

当時から下村さんの交遊は驚く程幅が広く、その何れの面を見ても傑出した一流の人達ばかりでありました。反日のそしりを受けて、不動の金縛りのような目に遭って手も足も出せなくなっていた大連市会議員の傅さんを、あるとき来満した中野正剛代議士は監部通りにあった中国式劇場で弁護し、日中大衆を前に劇烈な満鉄批判を展開されました。その余りの劇しさに通訳が震えあがって、途中で顔色を失ってしまいました。これを見た中野代議士はこの言論の責任は唯一この私にあって貴男には何の迷惑もかけないと、わざわざ繰り返しながら、真にあるべき日中の政治に就いて熱弁を振われました。下村さんと中野正剛さんの関係で、私達亜細亜会員は大連市中を走り廻って、この弁論会のビラを張って歩きました。この頃漸く緊迫を告げつつあった日中関係を憂えられた中野さんの弁舌は慷慨の熱気に溢れ、初めて中野さんの生の弁舌に触れた私は慄然として、おのずと身震いを感じさせられたことを覚えています。その後も中野正剛さんとは、満州で屡々お目にかかる機会を持ちましたが、中野さんの下村さんを見る敬愛に満ち満ちた態度は、真情まことにこまやかなものがありました。

当時、大連の振東学舎を統宰されていた金子雪斎先生と、泰東日報に拠ったその一統を通じて、日本の右翼の人達の真髄の一端を、私は知ることが出来ました。これも下村さんとの御縁であります。

戦後、衆議院議長になられた松岡駒吉さんが、当時の総同盟から満州を視察に見えたとき、学生の私は下村さんのお供をして、三人で星ケ浦の海浜を散歩したことがあります。満鉄高級社員の住宅が点在するその風景を見て、松岡さんが童児のような無邪気さを発揮して、まるで夢に見る風景のようですなあと嘆声をあげられた。

大正の末年、行きづまった日本の経済的苦境の中で、労働運動を続けていた斗士の姿が今だに偲ばれます。穏やかな風貌で、一見して大学の教授といっても素直に受け容れられる人懐こさがあって、旋盤工あがりの解放戦士、経歴から来るそうした猛々しさは、少しも感じられませんでした。当時は社会的な格に大きな相違のあった中野正剛さんと松岡さんでありましたが、この二人の間に共通する人間的なある温さを感じさせられ、（中略）下村さんは亜細亜会の私達の会合で、日本の将来について視野の広い思索と暗示を与えられましたが、思想は極めて自由で、マルクス、レーニンに就いても蘊蓄を傾けられました。（中略）顧みると日本の思想的な転換期でもあり、徳永直の「太陽のない街」で有名な、東京の印刷会社の大争議で、労資関係は湧いていました。私も学業の道に迷い、左翼の運動に走ろうとしました。そのとき下村さんは大連にあった東亜印刷に私を紹介して下さいました。この会社は東京の印刷争議の主流とつながりのある、その傍系の会社でありました。私は此処で或る程度の印刷関係の職業的素養をつみ東京に出る心算で、下村さんもそのことを承知していられました。まだ時代そのものにおおらかさが残っていた時とは云え、この一事をもってしても下村さんの、人を容れる抱擁力の偉大さが偲ばれるではありませんか。（中略）

［満鉄が南満工専を廃止するという噂に対して］このとき率先挺身して廃校に反対し、存続運動を指導されたのが下村信貞さんでありました。（中略）その見事な指導振りは後々の語り草となり、同窓関係者から学校存続の恩人と謳われています。（『追想録』六九〜七三頁。字句を修正した部分がある。［　］内は松井による補足）

深井氏の回想は、押山氏の回想とよく似ているようである。下村信貞は廃校問題で活躍するとともに、満洲にやってきた様々な思想家、政治家と積極的に交流をしていた。憲政会の代議士中野正剛と東大在学中から交際があったことは、すでに書いた。父下村校長が私淑していた頭山満経由で、中野正剛に近づいたことは理解できるが、下村信貞が大川周明とも交際があったかということになると、少し混沌としてくる。

田原総一朗著『日本近現代史の「裏の主役」たち』（ＰＨＰ文庫版、平成二十五年）を読んでいて、次のような文章に逢着した。

一九一四（大正三）年七月、第一次世界大戦が勃発し、日本は翌八月に日英同盟に基づいて参戦した。もっともイギリスは、一度は日本への参戦依頼を取り消したのだが、日本側が英国に再考を促して認められた。日本にとっては勢力を拡張する好機だったのである。

大塚健洋は前掲書［大塚健洋『大川周明　ある復古革新主義者の思想』講談社学術文庫］で「これまで白人のみの闘争場であった世界政治の場に、初めて黄色人種が割り込んだ」のであり、「大川によれば〈中略〉近代史上の一大事件であった」と書いている。

翌一九一五（大正四）年初秋、大川は東京帝大の赤門付近で、三十歳前後の背の高いインド人と出会った。

「一人の印度人がつかつかと歩み寄って、英語で『貴下は日本人ですか。』と訊ねた。まことに無礼な質問ではあるが、相手の印度人の風貌態度に、妙に真剣なところがあったので、私も至極真面目に『純一無雑の日本人です。』と答へた。二三の問答を交し乍《なが》ら、赤門を出て本郷三丁目まで歩き、其処《そこ》から日比谷方面行の電車に乗らうとしたら、その印度人も一緒に乗った」（『安楽の門』）

大川は、このインド人ヘーラムバ・グプタに興味を抱き、日比谷で電車を降りて喫茶店に誘い、自宅にまで連れていった。

グプタは、インド独立のために戦っている、サンフランシスコに本拠があるガダル党の党員で、大川は彼の紹介でビハリー・ボースとも知り合った。彼らはインドで逮捕者四〇〇〇人、処刑者八〇〇人を出したラホール陰謀事件を起こし、日本に逃亡して来ていたのである。

ここからは、第八章「アジア独立の志士たち」［『日本近現代史の「裏の主役」たち』の第八章］で記した展開になる。

十一月に、インド国民運動の指導者の一人であるラージパト・ライが来日したのを機に上野精養軒《せいようけん》で祝賀会が開かれたが、これがイギリス大使館の怒りを買い、ボースとグプタは五日以内に日本から退去せねばならなくなった。

そこで頭山満の知恵と力によって、二人は新宿の中村屋のアトリエに匿《かくま》われることになったのであった。この出来事で大川は頭山と知り合うことになり、終生頭山を押川方義《おしかわまさよし》（キリスト教宗教家、教育家。東北学院および宮城学院の創立者）、八代六郎（海軍大将、海軍大臣を務める）とならんで「三先輩」として尊敬しつづけることになる。

大川は頭山満について「私が初めて知った五十歳以後の翁は、風貌態度いかにも重々しく、押しも押されもせぬ貫禄が自然に備はり、実に行儀よく、また礼儀正しかった。翁と対坐する毎に私はいつも大阪城の石垣を想ひ起した。押しても引いても動かぬ感じで、独坐大雄峰とはまさしく此翁のことだと思った」と述べている（「安楽の門」）。

翌一九一六（大正五）年二月、中村屋に匿われているはずのグプタが突然、大川の家に飛び込んできた。

「見ればリボンを取去った茶色の中折帽を目深に被り、足袋はだしで、つんつるてんの木綿の袷《あわせ》を着け、手には果物籠をぶらさげて居る。丁度、東京近在の百姓の兄哥《あにい》といふ恰好である」（『安楽の門』）

グプタは、なんとしてもアメリカに渡らなければならないので、早く渡米できるように取り計らってほしい、そしてそれまで匿ってほしいと訴えた。中村屋ではボースとうまくいかなくて、黙って出てきたのだともいった。

大川の家は交番の近くにあってグプタを匿うにははなはだ適していなかったが、「燈台下暗しという諺もあり、それに警察の方では一旦つけた尾行を解いて安心して居ることであるから、案外安全であるかも知れない」(『安楽の門』)と思い匿うことにした。

ただし、中村屋をはじめ関係者たちは心配しているはずだと配慮し、事の次第を説明するために頭山邸に行った。もちろん、グプタが渡米できるように取り計らってほしいと頼むことが主目的であった。困難なことは頭山に頼む、また頭山に頼むと何とかうまくいくのであった。

頭山は渡米には多少時間がかかる。それまでは大川が匿ってくれと逆に頼んだ。頭山は一切もったいというものをつけない人物だったのである。

グプタは六月に、アルゼンチン人という触れ込みでアメリカに向かって日本を出発した。なお、大川は一九一八(大正七)年四月に、五高時代の盟友で南満州鉄道の東亜経済調査局の課長を務めている永雄《ながお》策郎の推薦で、同社に就職することになった。大川は三十二歳であった。

そしてこの年の十一月、ドイツが休戦協定に屈辱の調印をして、四年にわたる第一次世界大戦に終止符が打たれた。日本は戦勝国で、結成された国際連盟の常任理事国となった。アメリカはウィルソン大統領が講和会議を仕切ったにもかかわらず、国際連盟に参加しなかった。(『日本近現代史の「裏の主役」たち』二五九〜二六三頁。[ ]内は松井による補足)

こうして、アジア主義者の大川周明は大正七年に渡満していた。下村信貞が渡満する五年前のことである。

一方で下村信貞はアジア主義者といってよいのだろうか。これについて、前に引いた押山氏と深井氏はそれぞれ次のように書いている。引用の一つ目は押山氏の文章、二つ目は深井氏の文章である。

第一に先生は中津中学の秀才であり、五高には無試験で入学された逸材であり、東京帝国大学法学部に進まれたのであるから、当然のこととして何故高文を受け、官界を指向なさらなかったのであろうか。因みに佐藤栄作、池田勇人という人達は、五高で同じ頃の学生であったろう。

第二に先生が大正デモクラシーの洗礼をお受けになられたであろうことは、先にも一寸触れた。関東大震災が切っ掛けで大連に来られたのであろうが、それが何故骨を大陸に埋める迄に発展してしまったのであろうか。私達が先生に接した短期間の間にわれわれの得た感触では、先生の思想は中庸、あるいは稍々左であるように思われた。その先生がどんなお気持で、又どんな経過で満州国に出向されることになったのであろうか。先生は国家を優先するという根源的な思想をもっておられたのであろうか。

満州国在任中、憲政会代議士中野正剛の右腕としてドイツやイタリアに行かれ、ヒットラーやムッソリーニにも会われたのであろう。中野正剛が天下を取ったら、私は外務大臣だよと冗談にも言われたことを思い出す。張鼓峰事件（一九三八・七）、ノモンハン事件（一九三九・五）の時、ソ連側と折衝に当られたのは先生だったという話、あの風貌と体躯と語学力をもってするならば、その交渉はさぞ立派であったろうと思う。しかしながら、甚だ失礼な想像であるが、これら一連の先生の姿は、先生の真実の姿ではなかったのではないか。先生にはもっと別の道があったのではないか、と私には思えて残念でならないのである。

自分の一生を左右するような人との邂逅は、そうざらにある筈がない。私にとって先生はその邂逅者の一人であった。（『追想録』五二～五三頁）

下村さんは漢民族と、その文化について、特異な史観を抱かれていました。私見としては、事変後の当初から一貫して、日本は世界に対し政治責任を明確にするため、満州は占領統治を是とすると考えられたようであります。御意見として、その詳細を伺った訳ではないため、これは単なる私の推測に過ぎないけれども、私は今も尚そう信じています。下村さんの所信は極めて明快率直でありました。（『追想録』七四頁。字句を修正した部分がある）

いずれにしても、下村信貞はハルビンに向い、満洲および満洲国に深くかかわることになる。

第十四章　満鉄ハルビン時代

『追想録』所載の「下村信貞略年譜」（二二九～二三二頁）によると、下村は昭和二年から昭和七年まで、満鉄ハルビン事務所で働いている。この時期の彼について、まず押山保常氏の文章である。

ハルビンに移られてから先生が真っ先に手掛けられたのは、ロシア語のようであった。毎日出勤されて七乃至八時間も字引きを引いて露文を読み、勤めが引ければ会話のために個人教授を受けているのだというお話であった。

ハルビンに赴任されて僅か二、三年の間に、ロシア語の特等通訳の資格を取得された。昭和七年春には満州国設立宣言がなされたのであるが、奇しくもその時先生のロシア語マスターは完了されていたのである。

ハルビン事務所に転任された時、与えられたお仕事は何であったか、お聞きしなかったが、満州と朝鮮の境、間島地区に可成り長期間出張された。（中略）下村先生の上司によれば、先生は出張期間を守ったことは殆んどなく、何時も延期を要請して来るので弱った由である。ご性格の一端を窺うことが出来て面白い。その時の報告書は当然上司に出されたのであろうが、大連の私の処に五十部ほど残されて内内に保管を頼むということだった。日本紙に似た紙に謄写板刷りしたものであった。内容は読まなかったが、この報告書はその後長く私の家にあり、大掃除の度に処置に窮した。（『追想録』五一～五二頁）

次に倉橋敏夫氏のハルビン時代の回想を見る。倉橋氏は父親が立憲政友会の板野友造代議士の選挙参謀をしていた関係で、当時の満鉄総裁山本条太郎を紹介され、満洲に来た人物である。下村信貞とほぼ同時期に、満鉄ハルビン事務所において下村の下で働いていた（『追想録』五五頁）。

当時（昭和三年一月）の所長は古沢幸吉氏であった。事務所はご存知のように駅を出て中央寺院に向かうボグザールヌイ・プロスペリトにある堂々たる建物で、大階段を上って二階に上ると、つき当りが大会議室、左手に所長室、その真向いが渉外係で、後年ハルビンスコエ・ブレーミヤ社を創設された大沢隼氏が主任で、毎日、邦字新聞の記者連中がやって来てトグロを巻いていた。その隣りが勧業係で畜産の中村選一さん、日露協会を出られた大籔さんがおられた。廊下のつき当りが大部屋で、露文図書がビッシリと並んだ資料室で私の働き場所。主任はロシア文学者の竹内仲夫さん。右手が情報係の部屋で、主任は将校上りのダンディな堀江一正氏、下村信貞さん、協会学校出の梶山敬さん、同文書院出の松井さん、ロシア語の達人で嘱託の中村巌さんがおられた。ロシア人の大物と云われるミハイロフ氏(コルチャック政府の大蔵大臣であったと云われた)が、毎日の如くやってきていた。情報を担当していたのであろう。私の資料係にはロシア人三名(その内の二人はゴンチャロフ夫妻)、若い現地雇いの森崎君と新井光蔵さんがおられ、セッセとカードの整理をやっておられた。新井さんはバイオリン狂で、余り上手くないバイオリンで、人々を悩ましていたようだった。

私は新任の挨拶に情報係の部屋で、堀江氏が不在だったので、次席の下村さんに御挨拶したのだが、立派な人だナと思った。下村さんが帝大新人会の同人であったことや、奥さんとは大恋愛の末、結ばれた仲であるとやらなど、色々なうわさが耳に入ってきた。

下村さんは、「なっちゃんの写真館」で今、人気のある滝田栄のような感じの人で、顔だちの立派な、背丈の高い美男子だった。私とは馬鹿に映画の話でウマがあって、よく日本映画、外国映画の話しをしたが、下村さんは「実は私は映画監督になりたかったのですヨ」と私に云われたことがある。ソロソロ満蒙の天地も騒然としはじめた折のことでもあったので、面倒な政治の世界から離れて、映画芸術の世界に没頭されたかったのではなかろうか。(中略)

シナ、北支、満州全般の政治情勢は悪化の一路をたどり、各地に反日運動が勃発して、ハルビンでも日本人小学生に対する暴行や、明治自動車の運転手がモストワヤで袋だたきになる事件が起きたりした。全満一帯に不穏な空気がみなぎり、満鉄撤収論、日本の満州放棄説が真剣に論じられた。何年であったたか、正確な年月は記憶しないが、古沢所長と下村さんが情勢観察のために北支、中支に赴かれた。約一ヶ月位であったと思う。帰哈後、大会議室で報告が行なわれたが、下村さんは悲観論で、このままの状態で進めば、日支の全面衝突が起り、満鉄はおろか、日本の在満勢力は総くずれの危機が到来するのではなかろうか、とのことで、流石にのん気なわれわれも慎重にならざるを得なかった。(『追想録』五六～五九頁)

周知のように昭和六年に「満洲事変」が起こり、翌年に「満洲国」の建国が宣言された。その昭和七年に下村は、満鉄事務所から満洲国政府に移り、外交部で活動することになる。

第十五章　満洲事変起る

　しばらく下村信貞個人の足跡から離れて、満洲事変とは一体何事だったか触れておきたい。下村の周辺に満洲事変の余波が打ち寄せて来ずにはおかないからである。満洲事変については、多くの人々が書いているが、私はスタンダードな位置からこの事変に触れている加藤陽子氏の著書から、満洲事変とは何事だったかを学習したいと思う。そこで、その資料として岩波新書の『満州事変から日中戦争へ　シリーズ日本近現代史⑤』（平成十九年）を使用し、なるべく客観的な視点から学習するつもりで、考察してみたいと思う。同書二～三頁によれば、昭和六年（一九三一）九月十八日夜、十時二十分頃、中国東北部（満洲）遼寧《りょうねい》省の瀋陽柳条湖《しんようりゅうじょうこ》において、南満洲鉄道の線路の一部が爆破された。関東軍参謀の石原莞爾らによって、昭和四年から周到に準備された作戦であった。この作戦を歴史的に考察するには、なぜこのような事変が起こされたか、その理由から考えようとするにちがいない。そこにあった歴史の因果関係に注目することが自然であり、重要なことである。

　まず、この作戦を主導した石原自身、日露戦争、第一次世界大戦に際して、最も緻密に研究を加えていた人物であった。この満洲事変について、加藤陽子氏は次のように分析する。

①相手国の指導者の不在を衝いて起こされた。②本来は政治干与を禁止された軍人によって主導された。③国際法との抵触を自覚しつつ、しかし、国際法違反であるとの非難を避けるように計画された。④地域概念としての満蒙の意味する内容をたえず膨張させていった。この四点においてきわだった特質を持っている。そこで、満洲事変は日本の社会をいかに変容させていったか。

その時、蒋介石《しょうかいせき》は首都の南京を留守にしていた。蒋は、国民政府主席、陸海空軍の総司令であったから、政治的にも軍事的にも中国のトップの地位にあったといってよい。張学良《ちょうがくりょう》もその根拠地・瀋陽を留守にしていた。張は、東三省《とうさんしょう》（遼寧省、吉林《きつりん》省、黒龍江省）と呼ばれた東北部の実質的な支配者であり、東北辺防軍司令長官の地位にあった。

　本来いるべき場所を離れて、その時、二人は何をしていたのだろうか。

　事変が起る前、三一年七月から九月にかけて蒋は、約三十万の国民党軍を率い、江西省を本拠地とする中国共産党・紅軍に対する第三次剿共戦《そうきょうせん》を戦っていた。前年一二月の第一次剿共戦の時点から、蒋の率いる国民党軍は苦戦を強いられていた。蒋の直面していた軍事的脅威は、それだけにとどまらなかった。国民党内の反蒋勢力であった汪兆銘《おうちょうめい》らを中心に、三一年五月二八日、「広州国民政府」が樹立され、ここに広東派と広西派からなる反蒋連合軍も加わった。事変の五日前にあたる九月一三日、蒋の率いる国民党軍は、この反蒋連合軍を相手に湖南省において戦っていた。蒋は、江西省と湖南省、二つの場所で異なる相手との内戦を強いられていたのである（中略）。

内戦への対応に追われていた蔣は、南京ではなく江西省の省都・南昌で事変の第一報を聞くこととなる。

いっぽうの張学良はどうであったのか。事変前の張は、華北の石友三《せきゆうさん》軍が起こした反乱に対処するため、麾下《きか》の東北辺防軍（以下、東北軍と略す）の精鋭一一万五〇〇〇名を率い、関内すなわち長城以南の華北にいた。結果的に三一年八月四日までに鎮圧された反乱は、そもそも日本側特務機関が石軍を買収して起こさせたものだった。関東軍は事変の準備にあたって、東北軍主力を事前に華北方面に牽制することまでしていた（黄自進「満州事変と中国国民党」）。

張は、三〇年五月の中原大戦において、反蔣連合に加わらなかったことで、南京国民政府から感謝される立場にいた。その結果、北平（北京）・天津の衛戍《えいじゅ》司令や河北省政府主席などの重要ポストを自派で握れるようになり、三一年になると、東三省に加えて華北にも政治的経済的な支配を広げる準備にとりかかっていた。石軍の反乱がなかったとしても、張学良が東北を留守にする可能性は高かっただろう。事実、彼は瀋陽ではなく北平で第一報を聞くことになる。

このような経過をみれば、蔣と張が本拠地を離れた時をねらって事変が起こされたと考えるのが自然だろう。ではなぜ、こうしたかたちが必要とされたのか。

関東軍は、日露戦後、関東州の防備および満鉄線の保護を任務として置かれた軍隊であった。一九年四月、武官制の関東都督府が廃止され、関東庁が設置されるのにともない、独立の在満軍事機関として発足した。鉄道守備にとどまらず、日本の在満権益を軍事力によって保護する役割、対ソ戦略を遂行する主体としての役割を、しだいに強めてゆく（山室信一『キメラ　増補版』）。しかしその兵力は、事変前には、内地から二年交替で派遣される駐箚《ちゅうさつ》師団と六個大隊の独立守備隊、合わせて約一万四〇〇名でしかなかった（江口圭一『十五年戦争小史』）。この数を、東北軍約一九万と比べれば、彼我の兵力差に歴然たるものがあったことが理解できよう。

当時の関東軍の兵力で全満州を短期間に制圧しようとすれば、この兵力差が最も問題となったはずであり、その懸念を除去するため、東北軍精鋭とともに張が不在であり、蔣が剿共戦、反蔣連合との戦いに忙殺されていた時期を考慮に入れた上で事変は起こされたのであった。（中略）

次に、満州事変の特質の第二点、先に②として示した、本来は政治干与を禁止された軍人によって主導された点についてみておこう。石川県に生まれ、金沢の第四高等学校を経て、二四年、東京帝国大学文学部に入学した青年は、東大新人会での活動後、日本共産党に入党、二八年の三・一五事件（同年実施された第一回普通選挙において、労働農民党候補を立てて公然と活動した共産党に対して、時の田中義一《ぎいち》内閣が治安維持法によって弾圧を加えた事件）で検挙された。保釈後の弱った身体を加療するため、青年は故郷・石川県へ戻った。三〇年頃のことである。青年の名を石堂清倫《いしどうきよとも》といった（中略）。

ある日、小松町の公会堂前を通った石堂は、ふだん町では見かけない日焼けした顔の農民たちで公会堂が満員となっている様子を目にする。入口には「時局大講演会」との看板が掲げられ、陸軍省から派遣された少佐が演説していた（石堂清倫『20世紀の意味』）。壇上の少佐は、窮乏のどん底にある農村のさまにふれた後、解決策としては思いきった手段が必要だと説いて、次のように続けた。

いわく、「左翼の組合」は、土地の平等分配を要求しており、これは確かにもっともな主張だが、仮に日本の全耕地を全農家に平等に分配しても、その額は五反歩《ごたんぶ》(中略)にしかならないではないか、と。この後、次のような、注目すべき、煽動的な一節が述べられる。

諸君は五反歩の土地をもって、息子を中学にやれるか、娘を女学校に通わせられるか。ダメだろう。(中略)日本は土地が狭くて人口が過剰である。このことを左翼は忘れている。だから、国内の土地所有制度を根本的に改革することでは改革はできない。ここでわれわれは、国内から外部へ眼を転換しなければならない。満蒙の沃野《よくや》を見よ。(中略)他人のものを失敬するのは褒めたことではないけれども、生きるか死ぬかという時には背に腹はかえられないから、あの満蒙の沃野を頂戴《ちょうだい》しようではないか。これを計算してみると、諸君は五反歩ではなしに一躍十町歩〔一反の一〇〇倍、ほぼ一〇ヘクタールに相当〕の地主になれる。つまり、旦那衆になれる。

演説の中にある「左翼」は労働農民党を指し、「左翼の組合」とは日本農民組合などを指すのだろう。かつては小作人主導による小作料減免要求が中心であった小作争議は、少佐の演説がなされた昭和恐慌期になると、地主主導による小作地引き揚げ、小作料滞納一掃要求へと、争議発生の理由を劇的に変化させていた。（『満洲事変から日中戦争へ』三〜八頁。小見出しは省略した）

石堂青年が小松町の公会堂で聴いたように「満蒙の沃野を頂戴しようではないか」と言ったのは、実は「満蒙侵略」のことだったのである。

引き続き、『満洲事変から日中戦争へ』十四頁によると、先に③として示した国際法との抵触、国際法違反であるとの非難を避けようとして、関東軍のほか、参謀本部第二部、満鉄調査課などによって、周到に計画されなければならないものであった。彼らが最も懸念したのは、列国、ことにアメリカの干渉であった。干渉を避けるためにも、短期間に全満洲を軍事的に制圧する必要があった。

そこで同書から、石原莞爾を中心に満蒙問題に関する章を少し書き抜くことにしたいと思う。

石原には、北伐の成功による、南北統一への切迫感や、中国側からなされるはずの武力的抵抗あるいはナショナリズムの昂揚などへの危惧はなかったようにみえる。あくまで彼の念頭には、日本に圧力を加えうるものとして「蘇〔ソ連〕の陸上兵力と米の海上兵力」だけが想定されていた（中略）。中国の軍事力については（中略）戦争の本質が消耗（持久）戦争となる要因の一つとして「軍隊の価値低きこと」に言及した際、「支那の現状」を挙げた時くらいであった（中略）。意味するところは、通常、戦争の目的は敵野戦軍主力の撃滅に置かれるが、その国の政治文化において軍隊の地位が低い場合、あるいは戦闘における敗北がその国にとって著しい苦痛と感じられない場合、敵の軍事力を殲滅しても、戦争は終わらないことになる、との内容であろう。よって、石原の構想の中に、中国が念頭に置かれていないかのように見えるのは、必ずしも、その兵力を軽視していたからではなく、中国から満蒙を奪取する戦争をすれば、それは消耗戦争となるに相違ないと判断されていたからだろう。そのような戦争観なしに、日本の軍隊が中国で「自活」すべきだなどという主張は成立しえないと思われる。中国は前提なのだった。（二〇二頁）

この石原莞爾についての推考は、昭和十二年七月七日に始まる中国との全面戦争によって、ある程度、証明されることになるのであった。奥の深い中国大陸に、日本軍は大苦戦を強いられることになるからだ。満蒙を維持するだけでも、最後は大変な事態になることを思い知らされる。

第十六章　満洲事変の後で

前にも書いたように、下村信貞は昭和七年に満鉄から満洲国政府に移る。『追想録』によると、昭和七年に満洲国政府外交部官房企画課長に就任、政務司俄国（ロシア）課長を兼ねる。そして九年に外交部北満（ハルビン）特派員公署に転出ということである（一三〇頁）。企画課長は計画課長という職名だったように思われるが、いずれにしても下村は満洲国政府の中心に近い場所に移動したのである。

なおハルビンの特派員公署時代の昭和十二年十一月から翌年三月までの間、下村は中野正剛らとともに、イタリア、ドイツを訪問している。これについては第十八章の「回想片々」で、進藤一馬氏が触れている。

『追想録』では昭和九年以降の下村についての記述が多い。次に書き写すのは、上野正夫氏の「下村さんの思い出　満洲国外交部時代」と表題のある文章である。

はじめに

下村さんは、昭和九年十二月、当時、満州国の国境の町で働いていた私を、外交部哈爾浜特派員公署に採用して下さった。

以来、終戦までの十一年間、私は下村さんを上司と仰いで働く幸せに恵まれた。その間下村さんは、私に生き甲斐のある人生を与えて下さった。逆に言えば、下村さん不在の私の人生は、不毛地帯に等しかった。

下村さんは、満洲国の対ソ外交に不滅の足跡を残された。卓越した外交官として、はたまた、若人を愛し、部下を思い遣る温情豊かな上司として、仕える者の崇敬と思慕の的であった。

側近にいて、下村さんの薫陶を受けつつ、畏敬し、師事してきた私の遠い記憶の底から掘り起こした、ささやかな思い出が、ありし日の下村さんを偲ぶよすがとなれば幸いである。

一、外交部哈爾浜特派員公署時代

満州国の対ソ外交は、主として、外交部哈爾浜特派員公署と同地駐在のソ連総領事館との間で行われていた。

（二）　満ソ国境紛争事件

満州国は、延々三千余粁の水陸国境をもってソ連と接壌し、その大部分は、アルグン、アムール、ウスリーおよびスンガチャの四大河川によって画されていた。

国境のほとんど全域にわたって国境線が明確を欠いていたため、これが主な原因となって、国境侵犯や紛争事件が絶えなかった。

そのうちのめぼしい事件を挙げてみよう。

(1)　黒瞎子島（三角洲）の帰属

黒瞎子島は、アムール河とウスリー江の合流点、ハバロフスクの対岸約五粁の地点に位置し、満州国本土とは撫遠水道をもって隔てられているが、両国境河川の合流点の内側にあって、歴史的・地理的にも、また国際法上からも、明らかに満州国に所属する島であった。

この島を昭和九年にソ連が実力で占拠したので、下村特派員代理はソ連総領事に対して厳重抗議するとともに、同島に対する満州国の領土権を宣言して、ソ連兵の即時撤退を要求した。

この要求は、ソ連側に容れられなかったが、下村さんは、満州国領土に対するソ連の野望を許さないとする厳しい態度を、建国早々同島の帰属問題を取り上げて、ソ連に強く表明したのであった。

(2)　乾岔子島事件

河川国境について、満州国は国際法に準拠し、航路及び水路の中心線をもって国境線とすると言う見解をとっていた。

ソ連側は、一八五八年に中国とロシアとの間で締結された瑷琿条約を盾に、アムール河については、河中の島嶼及び中洲はことごとくソ連領土に帰属する、と言う一方的主張に固執していた。

こうした背景の中で、昭和十二年六月、アムール河の中の大きな中洲である乾岔子島と、その上流の島にソ連兵が侵入・上陸して、これらの島を占拠したほか、同島の満側寄りの水道に三隻のソ連砲艦が侵入し、我が方の国境警備隊に射撃を加えた。

これに対して現地の日本軍は、直ちに砲撃を加えて一隻を撃沈、他の一隻に損傷を与えた。

この事件は、大規模な武力衝突に発展する虞れを孕んでいたので、下村特派員代理は、モスクワにおける日ソ交渉に呼応して、ソ連総領事を相手として、事態の平和的収拾に尽力された。

その結果七月二日、ソ連側は兵力及び艦艇を撤収したので、大事に到らずに収まった。

本件は、適切・機敏な外交交渉によって、武力衝突の危機が、間一髪で回避された一例であった。

(二)　ソ連の在ソ満州国領事館圧迫事件

数ある対ソ交渉の中で、昭和十三年十一月に起こったソ連の在ソ満州国領事館圧迫事件は、下村さんの対ソ交渉ぶりの片鱗を物語るものとして忘れ難い。

事の起りは、ブラゴエシチェンスク駐在満州国領事館大石副領事夫妻を、ソ連官憲が理由なく拘引したことにあった。

それが、領事館に対する薪水・電力の供給制限、電報受発信の差し止め――などにエスカレートして、館員の業務遂行と日常生活を極度に脅かすに至った。

駐チタ満州国領事館に対しても、同様の圧迫が加えられた。

下村特派員は、辛抱強く交渉による事態の正常化に努められたが、ソ連の圧迫は募るばかりであった。

勢いの赴くところ、ソ連側の反省を促すため、我が方も、①ソ連総領事館館員の外出と自動車の出入禁止（これがため総領事館の門前に深さ約一メートルの壕を掘った）、②薪水・電力の供給制限、③来訪者の厳重チェック――などの報復手段を講じた。

こうした睨み合いが続くなかで、この分だと領事館の相互引き揚げないし外交断絶という最悪の事態を招きかねない。下村氏はやり過ぎではないか――などという批判の声が高まってきた。

下村さんは、「戦いは最後の五分間を頑張る者が勝つ。しかも、この場合、非はすべてソ連側にある。ここが我慢のしどころだ」と毅然たる態度と満々たる自信をもって相手の折れて出るのを待たれた。

果たせるかな、相対峙すること約二週間の後、ソ連総領事臨時代理ゴルブツォフ氏から、中央の訓令により緊急に会見したい、と申し出てきた。

この会見において、ソ連側がその非を認めて謝罪したので、我が方もこれを諒として事態の正常化に応じた。

それは、下村外交の完全な勝利であった。

(三)　スラウツキー・ソ連総領事との折衝

哈爾浜特派員公署の初期の頃の対ソ交渉相手は、スラウツキー総領事であった。

同氏は満州事変当時からハルビンに駐在し、満州事変に関する情報を機敏に収集して本国に流し、モスクワ中枢部の厚い信任を得ており、スターリンに近い人物だ、と噂されていた。同氏が老練な外交官であったことは、後日総領事から一躍駐日ソ連大使に抜擢されたことに徴しても明らかであった。

当時、下村特派員代理は、東支鉄道譲渡に関連する重要案件、とりわけ在満ソ連籍東支鉄道従業員の本国向け大量引き揚げの実施、満ソ鉄道連絡会議及び通信連絡会議の開催――などについて、極めて重要な役割を演じられた。

そのほか、頻発する国境事件、領事館の相互待遇問題、在満ソ連居留民及びソ連小・中学校に関する問題などが、常時対ソ交渉の俎上に載せられ、スラウツキー総領事を相手とする下村さんの日常は、文字通り席の暖まるいとまがなかった。

こうした交渉の際、両氏の間ではきまって丁々発止と活溌な論戦が展開された。

周知のように、下村さんはマルクス・レーニン主義理論に関する造詣が深く、ス総領事との論戦の際に、折に触れてレーニン語録やマルクス理論を引用して、相手の論法ないし論拠をあるいはいなし、または堂々と論破したので、さすがのス総領事もお株をとられた格好で、自分はまだ理論的勉強が足りない、と兜を脱ぐ場面もあった。

両氏は互に相手を好敵手として、外交辞令抜きでわたり合ったが、話が済むと、あとはいわゆる光雲霽月といった風情で、いささかもしこりを残さないのが常であった。

そのうえ、ご家族ぐるみのお付き合いもあり、公私とも呼吸の合った間柄であった。

稀れには次のようなこともあった。

満州国官憲によるソ連居留民の逮捕及びソ連学校への立ち入り検査事件が発生し、ス総領事と下村さんの間で、幾日も激しい抗議と反駁の応酬が繰り返された。

下村さんは、満州国官憲の措置は合法的である、として根拠を挙げてス総領事の要求を一蹴した。

これに業を煮やしたのか、先方からある日、突然次のような申し出をしてきた。

自分は総領事であるから、格式上貴方の施履本特派員とも会談する権利がある。本件について、中央の訓令により満側の公式回答を得たいゆえ、施特派員との会談をアレンジして欲しい。

当時満州国では、政府機関の長に満系高官を据え、これに日系官吏を配して、日系満系協働の人事構成を採用していた。

ところで、施特派員は、ふだんは実務から遠ざかり、実情に疎かったので、ス総領事は虚を衝いて、何らかの言質を満系高官から取り付けようと狙ったもののようであった。

下村さんは、先方の意図を看破し、予め施特派員に十分に旨を含めて会談に臨ませた。

さて、二時間余りの会談の後、ス総領事は下村さんに、「ずいぶん食い下がったが、さっぱり要領を得なかった。本国宛電文をどう書いたものか、弱ったよ」とこぼしていた。

ちなみに、施特派員は、元中国外交官の出身で、そののらりくらりの応酬ぶりには定評があり、こうして下村さんとのコンビの妙を発揮しておられた。

昭和十二年十月、施履本氏は哈爾浜市長に転出し、代って下村さんが特派員になられた。

(四) 部下への思い遣り

下村さんは、独学で満鉄のロシア語一等通訳の資格をとっておられた。日常多忙の中で常にソ連の新聞・雑誌にも目を通し、時局の流れに精通しておられた。専攻の英・独語のほかに、ロシア語の会話や読書にも不自由されないほどの語学の達人だった。

ソ連相手の交渉や会談の際、公式の話が済むと、あとはご自身のロシア語を駆使して自由に話をされたので、通訳は手持無沙汰で、聞き役に回されることもしばしばであった。

また、通訳を使う時には、訳し難い用語や、ややこしい表現を努めて避け、ロシア語に訳しやすいように話された。しかし、誤訳や相手によく通じないような訳し方をすると、即座に注意されたので、通訳は会談の間、気の休まる暇がなかった。

下村さんは、外交文書や電文を草するに当たり、実に厳密で、一字一句もゆるがせにされず、推敲に推敲を重ねられた。ときたま、私が代筆した外交文書の文案は、仮借なく加筆・訂正されて、ほとんど原形を留めないこともあった。それを清書して読み直してみると、簡潔・平明・達意の名文なので、ただただ感服するばかりであった。

しかし、どんな時でも面責しないで、これはこうした表現ないし用語がより適切だと思うが、と婉曲に注意されるのが常で、文書の作り方、文章の書き方についても、下村さんは私にとってかけがえのない師であった。

私事で恐縮ながら、家内が長患いをしていた時分、下村さんのお宅から手造りの栄養料理を度々頂戴し、心身ともに大きな励ましに与かった。

ご家族ぐるみで部下とその家族への思い遣りを示して下さったので、私どもは、大樹の蔭に身を寄せている、という安らぎを常に覚えていた。（『追想録』八七〜九三頁）

上野正夫氏の回想は一旦ここで終わりにして、次にこの時期の下村についての深井富之助氏の回想を引く。

満州建国の際、当面の外交的重責を荷なわれた大橋忠一さんは、事変当時哈爾浜で総領事をしていられた方でありますが、大橋さんに下村さんはかねてから特別な関係があった訳でなく、何かの機会に肝膽相照す間柄になられたようであります。建国当初、下村さんは新京本部で計画科長と俄国科長を兼ねていられ、最初の満州国官吏の欧米視察者となって外国をまわって来られました。然し下村さんが一段と本領を発揮されたのは、本部から出向して哈爾浜の特派員公署に移られてからであります。ソ連のスラウツキー総領事を相手とした折衝振りは、まことに鮮かでありました。下村さんと相対したスラウツキーは、確かウクライナの出身で、若くして革命に参じ、ジョルジア出身のスターリンの幕下にあって、ロシア革命を完遂した勇者であります。

スターリンは満州事変後の難局を読んで、その直系の腹心スラウツキーに全権を委ねて、哈爾浜の総領事たらしめたものと思われます。後にスラウツキーが哈爾浜の総領事から一躍して駐日大使に任ぜられたことから見ても、スラウツキーに対するスターリンの信頼が並み並みでなかったことが伺われます。ただ残念なことは病弱であった為、その後の消息を詳らかにすることが出来ないのでありますが、若し病いに倒れられたとすれば、惜しい人でありました。この二人は北鉄譲渡交渉の現地問題、騒然として常に衝突の危機をはらんだ国境紛争の数々に就いて、劇しく自国の立場を主張して論争しなければなりませんでした。

然しそのうちに二人の間にはおのずと親密な友情が湧き、相互に深い信頼が芽生えて、お互いに傾倒し合う間柄となりました。外交の要諦は正にかくあるべきもの、この両者の関係は、満州建国を巡る満ソ外交史を彩る美談として特筆されて然るべきでありましょう。（中略）

この国境の紛争［張鼓峰事件］は、明らかに日満側の失点でありました。当時は満ソ共に入り交って、劇しい諜報戦を演じ合っていました。夫々の領事館には、現役の軍人の化身がまじりあって功を競いました。日本側からブラゴウェ領事館の館員任務を終え、久方振りに関東軍参謀の現役に復帰した某々中佐が、張り切って帰任最初の国境視察飛行を行なったとき、琿春地区で大規模なソ連側の国境侵犯を発見しました。関特演後に引続き関東軍は満を持して精鋭を誇り、ソ連の不正には待ち受けたように、断乎として実力を行使した当時であります。そのため某々中佐は一瞬のためらいもなく、ソ連軍の撃退を指令しました。

関東軍は大挙動員されて、忠順な日本の兵隊は爆弾を抱いてソ連軍の戦車の下にもぐった。こうしてあの劇しい張鼓峰の肉弾戦が展開されたのであります。まことに意味のない無謀な戦いでありました。然し、之は明らかに日本側の勇み足であります。どうしてそんな誤りがあったか、その経緯を明らかにすることは今となっては全く不可能でありますが、当時日本軍が用いていたもので、一番詳細と信じられていた陸地測量本部作成の廿五万分の一のこの部分の地図は、全く琿春条約を無視した根拠のないものでありました。このことは満州国側の国境調査関係者の間では一般化して、平明な常識となっていました。関東軍にも明確にこのことは連絡されています。然し自軍に有利にならないこの種の情報の取り扱いは、どのように扱われたのでありましょうか。担当者の交替が頻繁な場合心許ないものであります。然し事は重大で、案の定この場合、事態は悪く、悪く動きました。

その上、某々中佐が起こした勇み足は、土曜日に発生しました。関東軍からの連絡のあったのは、一般職員の退庁後であります。関東軍に呼ばれ、ソ連総領事館への早急抗議方を承って政務一科長は、下村特派員に対する抗議指令の電文起案にあわてていました。

足止めを喰って事務室で科長を待っていた私は、事件の内容を知って驚き、前記陸地測量本部地図の誤りであることを述べ、早急に事態の不拡大を、関東軍に要請すべきであることを主張しました。然し既に軍の現地への命令が出て、もはや両軍は戦斗を交えていると云うではありませんか。軍はこう云う場合、自分の誤りを識っても、その誤りを撤回しないために生命を賭ける不思議な精神構造の所有者の集団であります。科長も政務司長も保身のため、易々と軍の指令のままに動いて、私の発言等は一顧もされませんでした。私は国境調査関係者の動員を許りましたが、退庁時刻を過ぎた土曜日の午後では、どうにもなりませんでした。

外交本部からソ連側への厳重抗議の指令に接した現地哈爾浜の下村特派員は、事件の本質を考慮すると共に、この電報を押えて本部に対し、事態の鎮静を計るよう善処方を要望されました。然しそのことは関東軍をいきり立たせるばかりに終り、戦況は一段と熾烈さを加えました。軍の威令を受けて、外交本部より政務司長が哈爾浜に飛んでソ連側に厳重抗議を行いましたが、ソ連側がこのいわれのない抗議を受け容れる道理がなく、徒らにその一蹴を受けるのみに終りました。

張鼓峰事件の裏にこうした経緯があって、将兵の無益の血が流され、今もなおその英霊が靖国の森で慟哭を続けている訳でありますが、軍の忌避にふれた下村さんに対し、其の後命令違反の遣責が執拗に続きました。そうして新京に呼び出された下村さんは、今度は辞めるかも知れぬと私に洩らされたことを覚えています。

関東軍に出頭し、満洲国日本官吏を監督する軍の第四課長と対決された時、下村さんの腹は決まっていたようであります。第四課長は椅子にふんぞり反って、靴のままの足を机の上に乗せて応待したそうであります。下村さんもそれに応じ、課長の机に尻をのっけて相対し譲られなかった。満洲国官吏で軍の第四課に対し、こう云う抵抗は当時としては考えられないことであります。然し問題の正否が余りにも明白であったために、軍といえども事が公けとなることを憚ったのでありましょう。下村さんの解任にまでは踏み切れませんでした。（中略）

下村さんはこの気骨を貫いて生涯を生き抜かれた。然しこの問題は後々まで、長く尾を引いて残りました。時を経て、下村さんは政務司長となって外交本部に帰られましたが、そのとき軍の統制のきく総務庁の弘報処長と外交部政務司長の交流問題が起こりました。背後に関東軍第四課の執念がありました。この時も相当な風波のざわめきがあり、東京の中央で下村さんを支持する軍の一部から、直接激励もあったようであります。

総務庁で最終的にその要請を受けたとき、下村さんは私を使うのは誰なのかと反問され、流石の古海さんも憮然として首を垂れたと云うことであります。下村さんの腹の中には相識の間柄である満鉄出身の源田次長の支持があり、自分の志が貫けるようであれば、総務庁に移ってもと云う下心があったようにも窺われますが、この時の下村さんの心事を推し計ると、下村さんの心底には、国家の兵権が徒らに自らの肩章を追う軍人の私心によって動かされていることに対する深い憤りと、日系官吏のすべてが之亦己れの栄進のみに走り、行政官の線を越えきれず、軍人の頤使に唯々諾々として従うさまに、切歯の無念さがあったものと思います。

年来深くアジアの命運を憂えて思索に生きて来られた下村さんには、亦自ら恃むものを深く蔵せられていた筈であります。一体誰が俺を使おうと云うのか！これは、ただ渡り鳥のように、時運に乗ってやって来る官僚の浅薄さに対する下村さんの反撥であったかも知れません。官僚といえば、ストロング・マンと云って、あのリットン卿をさえ恐れしめた下村さんの先輩大橋忠一さんでも、戦って敗れれば自分達は悪いことをやったと、訳もなく自省する他愛なさがありました。なべて官僚には思想がなさ過ぎるようです。下村さんが息を吹き返して帰って来られたら、決してそうは云われないと思う。私は確信をもって、それを口にすることが出来ます。色々と陰湿な嫌がらせが続きましたが、この問題も時が経つに従って、漸くうやむやの中に消えて行きました。

（『追想録』七四～七八頁。［　］内は松井による補足）

第十七章　ソ満国境に挑む

下村信貞は、昭和十五年四月に満洲国外務局政務処長となる。このときには、外交部が外務局に改組されていた。この前年に、いわゆるノモンハン事件が起きた。下村が政務処長になる以前から、事件後の国境画定会議がチタとハルビンにおいて開かれていたが、合意に至らなかった。下村が政務処長になってから、再びチタにおいて国境画定会議が開催されるが、これが以下の引用における第二次チタ会議である(昭和十五年)。再び合意にいたらなかったため、翌十六年に第三次チタ会議が開かれ、ここで国境についての合意が成立した。この二回の国境画定会議における満洲国の全権代表は下村である。

それでは再び上野正夫氏の回想である。

二、満蒙国境確定と下村さん

（一）　梗概

昭和十四年五月から同年八月にかけて、満州国の西域、ホロンバイル大平原の一隅、ノモンハン地区において、満州国と外蒙との国境線をめぐって、日本軍とソ蒙軍との間で、大規模な近代的攻防戦が展開された。

この国境紛争は、後半日本軍が守勢に立たされていた厳しい戦況の下で、同年九月十五日、東郷大使とモロトフ外相との間で締結された停戦協定によって終息した。

右協定に基いて、昭和十四年十一月から翌十五年一月の間、チタとハルビンにおいて第一次満蒙国境確定会議が開催されたが、双方の意見が対立して、物別れに終わった。

次いで昭和十五年六月、東郷大使とモロトフ外相との間で、満蒙国境確定事業の再開について合意が遂げられ、ソ連参謀本部が作成した縮尺二十万分の一地図上にノモンハン地区の国境線が確定された。

この図上確定国境線を現地に移すについて、同年八月チタにおいて第二次満蒙国境確定会議が開催され、現地作業に関する技術協定が締結された。

引き続き、右協定に基いて第一次現地作業が実施されたが、終盤において外蒙側が全権会見を敬遠したため、中絶のやむなきに立ち到った。

翌十六年八月第三次チタ会議が開催され、続いて現地作業が再開された。

このたびは独ソ戦勃発の影響もあって、ソ蒙側が著しく妥協的となり、会議ないし作業はスムーズに進捗し、三年がかりの本事業は完結を見た。

当時、満州国外務局政務処長の要職にあった下村さんは、前記第二次チタ会議以降、満州国全権委員として縦横に活躍し、ノモンハン事件の善後措置としての満蒙国境確定事業を成功裡に成就された。

（二）　第二次チタ会議

前記の通り、昭和十五年八月、東郷・モロトフ協定に基き、チタにおいて第二次満蒙国境確定会議が開催された。

満側全権委員は、外務局政務処長下村信貞氏（後の外交部次長）と蒙系の興安局長博彦満都（ブインマント）氏、外蒙側は、赤軍参謀大佐スミルノフ氏と外蒙軍中将ドルジ（後に大将に昇進）とであった（中略）。

満側代表団の一行は、満州里から普通列車でチタに乗り込んだ。チタ駅頭では同地の衛戍司令官と通訳との出迎えを受けた。

我が方代表団の宿舎には、市営ホテルが全館開放・提供された。このホテルは入浴・便所などの設備が悪い上に、南京虫の巣窟で、夜ごとその襲撃に悩まされた。

ついでながら、我が方全権団の一行は、会議の合間に、大正八年シベリア出兵当時、チタ市の郊外に建立された日本軍戦病者忠魂碑に参拝した（中略）。

国境確定会議の議場には、市内の二階建てサナトリウム（療養所）があてられた。

外蒙側全権団は、同所の二階に宿泊していた。

会議第一日、外蒙側全権委員以下現役軍人のメンバーは、軍服を着用し、一見りりしい出で立ちであった。

我が方全権団は、下村全権委員以下全員が満州国の協和服（国民服）を着用し、これに礼式用の飾り紐を首から吊り下げただけの、いたって簡素な服装で出席した。

劈頭、双方の全権委員は、たがいに全権委任状を提示・点検した後、それぞれ二名宛の全権委員が開会の挨拶を行った。

外蒙側全権委員は、挨拶文テキストを朗々と読み上げた。

下村全権委員は、徐ろに腰を上げ、少し前かがみになって、「東郷・モロトフ協定に準拠して、本国境確定事業を友好裡に完結させたい」、と言う趣旨の簡潔な挨拶をされた。

彼我の滑り出しは、極めて対照的であった。先方の気負い立った態度に対して、下村全権委員は、終始穏やかな調子で応対し、一見気押されているかのようにさえ見えた。「我が方全権は大丈夫かな…」という囁きすら、内輪で聞かれた。

ところで、この会議の主たる議題は、混成委員会の組織及びその任務、国境確定作業の種類とその実施要領、国境標識に関する指令の作成——などであった。

さて、会議が本番に入ると、俄然会議場の空気は一変した。各議題の討議における下村全権委員の舌鋒は、出でてますます鋭さを加え、先方がその応答に戸惑う場面が続出した。

下村全権委員の態度には、ノモンハン事件の終局における我が方の頽勢を外交交渉の場で跳ね返し、ソ蒙側の勝者的恣意をいささかも許すまい、とする気迫が漲っていた（略）。

本会議と並行して、測量専門家を含む混成小委員会の会議が行われた。ここでは、国境確定作業の技術的・専門的問題が討議された。

とりわけ多角測量ないし三角測量方式に関する問題、図上国境線を現地に移すための基準点の設定——などについて白熱的討議が行われたが、しばしば双方の意見が対立して、議事は難航した。

会議が暗礁に乗り上げると、下村全権委員は、打開策についての私案をメモにして、これを夜間スミルノフ全権委員の宿舎に届けさせ、国際会議に不慣れな同氏に窮通の道を示唆された。こうした人目につかない根回しが、一再ならず会議を窮地から救った。

混成小委員会の会議は、しばしば夜を徹して行われたが、下村全権委員は、昼夜を分かたず陣頭指揮に当たられた。

下村全権委員の会議運営は、緩急自在で、外交官としての老練さをもって、軍人出身の外蒙側全権を巧みにリードした。

下村さんは、「自分は物事が紛糾し、局面が難しくなればなるほど妙案や斗志が湧いてくる」と述懐されたが、会議でも、また現地作業の際にも、こうした下村さんの真面目が折に触れて発揮された。

チタ会議は、波瀾の中、多くの難問題を処理して、八月二十四日技術協定の締結に漕ぎつけ、続いて現地作業にその場面を移した。（略）

なお、チタ会議の際には恒例の招待と返礼の宴会が数回催された。ソ蒙側のメンバーは、ウォドカやコニャクで鍛えあげた酒豪揃い。このときとばかり飲み、かつ食う。こちらにとっていちばん厄介なのは乾杯攻め。ロシア流に「――のために乾杯」が矢継ぎばやに繰り返される。

下村全権は、その集中攻撃の的となったが、平然とこれを受け返し、対等に渡り合われた。しかし、その後宿舎に戻ってからの苦しみようは一通りではなかった。

それでも、翌日は晴れやかな顔で会議に出席し、いつも変らぬ冴えと鋭さを見せて、不死身振りを発揮された。

(三)　第一次現地作業

昭和十五年九月上旬、満蒙双方の全権団及び第一、第二小委員会は、ノモンハン地区で会同し、前記のチタ協定に基いて、国境線の現地確定に着手した。

この作業は、確定予定の国境線を中央で二分し、フラト山を原点として、西部では外蒙側の第一小委員会、南部では満側の第二小委員会がそれぞれ作業を担当し、その反対側は、相手側の実施する作業の監視・点検に当たる仕組みで実施された（略）。

ところで、縮尺二十万分の一地図上に画された図上国境線を茫漠たる大平原の真っただ中に正確に移すことは、それ自体多くの争点を孕んでいた。

事実、少しでも自方に有利な地点を、というので、所々において双方専門家の意見が対立した。

下村全権委員は、三百粁に垂んとする国境地帯を北に南に踏破して、作業の進捗状態を視察して回るとともに、繋争地点ではスミルノフ全権委員と会見して、争点の解決に当たられた。

その頃、「大平原の真っ只中で、たとえ一、二粁の出入りがあったにしても、大勢にはさして影響はないだろうに、現地ではいたずらに論争に明け暮れている――」と言う中央や、モスクワあたりでの批判ないし不満の声が現地に伝わってきた。

下村全権委員は、こうした風説には耳を籍さず、「外交交渉には筋を通すことが肝腎だ。安易に譲歩すべきではない」と、毅然たる態度を堅持された。

こうした下村全権委員の不屈の斗魂は、酷寒の荒野で健斗する我が方委員以下の士気を大いに鼓舞した。

第一小委員会の担当地区において、ノモンハン・ブルト・オボの選定に当たり、共同調査区域の範囲について双方の意見が対立したため、全権交渉に移された。

この交渉の際、下村全権委員に追い詰められたスミルノフ全権委員は、「赤軍が血を流してかちとった戦場に、満側委員以下の立ち入りを許すことは出来ない」と激しい口調で言い募り、前の日に合意した外蒙側寄り共同調査区域への我が方の立ち入りを、どたん場で拒否した。これがきっかけとなって第一小委員会の作業は頓挫を来たし、今次国境確定作業中は、遂に再開を見ずに終わった。

同年十二月に入り、第二小委員会の担当地区においても、所々の争点における下村全権委員の鋭い追及に辟易していた外蒙側全権団は、我が方全権委員との会見を渋るようになり、作業は著しく渋滞した。

最後に我が方は、「貴方が満側の呼び掛けに対して応答しないので、已むなく作業を一時中止して現地を離れる」と言う趣旨のメモを空きかんに詰め、会見予定地点の雪中に埋めて標識を施し、十二月中旬現地を引き揚げた。

新京（長春）では時の関東軍司令官梅津中将が、官邸に宴席を設けて全権委員以下一同の労を犒って下さった。

（四）第三次チタ会議及び第二次現地作業

昭和十六年四月、モスクワにおいて建川大使とモロトフ外相の間で、満蒙国境確定作業の再開について申し合わせが成立した。

この申し合わせに基いて、同年五、六月の交、前回と同様のスタッフで第三次チタ会議が開催された。

なお、今回は、前回とはうって変わって、我が方全権団一行のチタ到着を、先方の全権以下が総出で駅頭に出迎えた。

外蒙側は、技術大佐と技術少将（天文測量専門家）を各一名新たにそのスタッフに追加して、技術陣の強化を図るとともに、国境線の屈折点設定に天文測量を併用しようとする用意を示した。

今次会議では、外蒙側の妥協的態度が幸いして、議事が比較的順調に進捗し、前回の経験を生かして、早々と技術協定が締結された。

次いで同年六月初旬、双方は現地に会同し、国境の現地確定と国境標識の樹立作業に着手した。

昭和十六年六月二十二日、独ソ戦が勃発し、独軍が破竹の勢いでソ連に進撃中とのニュースが現地にもたらされた。

その朝行われた全権会談の席上、下村全権委員はスミルノフ全権委員に「貴国は困難な事態を迎え、貴委員以下ご心痛のことと察するが、我が方としては、協定に忠実に準拠して国境線を確定しようとする従来の方針には変りはない」と、穏やかな口調で挨拶された。スミルノフ全権は「我が祖国は侵略者を必ず撃退する――」と豪語したが、当初の沈痛な表情がとたんに和らぎ、会談は和やかな雰囲気のうちに進められた。

こうした情勢の急変を反映して、ソ蒙側の態度が一段と妥協的となり、話し合いや作業は円滑に捗るようになった。

八月十七日、ノモンハン地域の全線にわたって国境線の現地確定と国境標識・標柱の樹立が完了した（略）。

新規に確定された国境線の総延長は、西はボイル湖の北岸ホイト・エリグ第一号国境標識から、南はアマラルティン・オーラ第一三二号国境標識に至る二五六・七九粁であった。

新国境線は、西部地区ではおおむね図上に確定された線に沿っており、南部では山岳地帯の稜線の外蒙寄り西側斜面を通過し、我が方にかなり有利に確定された（略）。

昭和十六年十月初旬ハルビンにおいて、総仕上げのためのハルビン会議が開催され、満蒙国境確定に関する総合議定書及び付属文書（略）の調印が行われた（略）。

これをもって三年に亘り紆余曲折を経た本国境確定事業は、遂に大団円を迎えた。

下村全権委員の不撓不屈の斗魂と、卓越した外交手腕の象徴とも言うべきこれらの国境標識・標柱は、国の興亡と情勢の激変とをよそに、今もなお辺境の風雪に耐えて佇立していることだろう。（『追想録』九四～一〇五頁。字句を修正した部分がある）

上野正夫氏の回想は、昭和三十六年、つまり、終戦後のシベリア日本人墓地参拝団派遣に際し、ハバロフスク郊外の日本人墓地を訪れた際のことに及ぶが、この章ではここまでとし、島義少佐に関する回想は割愛する。次に秋草少将との交友について、上野正夫氏の回想を書き残すこととする。


下村さんは、歴代の哈爾賓特務機関長及びソ連担当補佐官の方々とは親密な関係を保ち、どなたからも高い評価と厚い信頼を受けておられた。

とりわけ最後の特務機関長秋草少将とは、同氏の補佐官時代から肝胆相照らす間柄であった。

秋草さんが補佐官だった頃、同氏は雑談の中で次のような話をされたことがある。

自分には三つの型の交友関係がある。一つは、通り一遍の話をする相手、二つは、多少立ち入った話をする相手、最後の型は、腹蔵なく話をする相手であるが、下村君は自分にとって正に最後の型の親友である。

昭和二十年、日本の敗戦が避け難い情勢になるにつれ、両氏の接触は繁くなった。

その年のなかばごろ、下村次長は私に「秋草機関長の発想で、次のような対ソ時局収策の外交的処理が可能かどうかをソ側に打診することになったから、ソ連総領事と秘かに接触する機会を窺ってほしい」と言われた。

(1) ソ連の対満武力侵攻を思い止まらせるため、ハルビン以北を赤軍の平和進駐に委ね、それ以南を関東軍が保有する。

(2) ソ連が右に応じない場合、この線を新京（長春）まで後退させる。

(3) ソ連がそれでも満足しないときは、関東軍を関東州内に撤退させる。

(4) 最終案として、在満日本軍民を全部支障なく日本内地に引き揚げさせることを条件として、ソ連軍の満州全土への平和進駐を容認する。

こうした案について、ソ連総領事と密議を試みる機会に恵まれないまま、八月九日赤軍の対満侵攻という最悪の事態を迎えた。

日一日と大事の去り行くのを洞察した両氏は、いち早く在満日本軍民の人的損傷・災害を最小限度にくい止めようと苦慮しておられたようである。

その生涯をかけて、対ソ関係に心血を注がれた両氏が、終戦とともにソ連に抑留され、朔北の地に不帰の客となられたのは、かえすがえすも残念である。（『追想録』一一〇～一一一頁）

二つ目として、深井富之助氏の「悲運に散った非常の人　恩師下村先生を偲ぶ」の中から「ノモンハン国境劃定交渉」の章を書き抜くことにする。

軍の組織に根本的な欠陥があったと断ぜずにいられませんが、あの当時の情勢で、一貫した戦略もなく蒙古の草原で事件を惹起し、それを拡大するということは、あまりにも愚な事ではなかったか。この局地で煙を挙げ続けるだけでも、中国本土の抗日戦線の士気を鼓舞し、日本の消耗は政治的に、経済的に測り知れないものがあります。

総合的に全局に対する判断と統制が、完全にバラバラである。ソ連軍は充分な計算の上に立って、この局地戦を戦った。勝敗はその第一歩から明らかであります。そうしてこの個人的な野心に彩られた無智と無謀のために、日本の忠勇な軍人が、果敢に、悲しくも、無為に散って行った。今顧みてもまことに目を覆わずにいられない戦いであります。

下村さんはこの交渉に当って、軍人が起した責任だから、軍人がその任に当る可きだと、なかなか動かれなかった。然し結局はこの貧乏くじを、下村さんが引かねばならなかった。当初、日本の外務省からの圧迫もあって、交渉は難渋を極めた。勝ち誇ったソ連側は、城下の盟をかち取る勢で満州側を呑んでかかっていた。日本の外務省としては、大事の前の小事として、条件を度外視して早い妥結を焦った。モスコウでの交渉にも露呈されたこの焦せりは、現地に於けるソ連側の暴戻振りを著しく増幅せずにはおきませんでした。勿論窮余の一策として考えられたことであろうけれども、外務省は度をすごした飲酒のために充分な思考力を失った廃人に等しい建川将軍を駐ソ大使に担いで外政に対する軍の牽制を計り、満州国側に対し色々と干渉の手をのべてきました。ソ連側との間に現実に長い国境線を持ち、山積する現地問題を抱え、又すでに八路の工作隊もうごめき、国内的には民族的統治問題を常に念頭に置かねばならない満州国としては、ソ連の国柄を知るだけに、日本の外務省の考えるように問題を安易軽率に扱うことは絶対に出来なかった。日本の外務省は自らの短見を省ることを忘れて、下村さんを単純に猪突猛進的な田舎侍と速断してかかり、会議途中その交替をすら劇しく迫って来ました。

一方、小松原将軍の忠烈を惜しむ現地関東軍の軍人の中には、ノモンハンの停戦を肯んじない硬骨漢に人を欠かなかった。この腹背の情勢に処して、沈着水の如き冷静を持して、下村さんは威信をもってソ連側と交渉に当りました。まことに下村さんは立派であった。この交渉の前には色々なことがあり、下村さんの一身を気遣って、この任務は絶対に引受けるな、引受けるとあなたは致命的なわざわいを受けると、半ば恫喝に近い忠言をする人すらありました。

時の関東軍司令官梅津将軍は大分県中津の出身であった。下村さんは福岡県築上郡の人でありますが、中学は隣接の中津中学を経て五高に進まれました。こういう関係もあったものか、梅津将軍は下村さんを識り、絶対的な固い信頼を寄せて、交渉のすべてを下村さんに一任された。この間私は色々のエピソードを多く知ったが、下村さんは出発を前に守勢の外交として、立論は世界の与論にうったえても恥じないところに不動の一線を引く、ソ連側には交渉決裂の口実を絶対に与えない、この二つを原点として交渉に臨み、日本側への外交的に不利な影響を防ぐ心算であると語られました。

尚この交渉の前に東京の知友と連絡をとり、考慮の限りをつくして内政的にも完璧の布石を敷いていられました。ソ連側はこう云う交渉で全権が実質的な全権でない場合が屢々あり、このときも実質的な全権が軽い身分の端役に化け、議場の一隅にかくれて全局を監視していた模様で、その日決められた折衝の結果が翌日になってころっと食言されてひっくり返り、唖然となることが度々あり、下村さんはソ連全権の吸った煙草の吸殼を拾い取っておき、これを示して、この煙草を吸いながらあなたはこう云われたではないかというようなことまでしなければならない苦心を払いながら、勝ち誇るソ連側の無法と戦われたようである。ソ連側の要求を呑めなかったこの年、次第に寒気がつのり、蒙古草原での幕舎生活は刻々と困難を加え、味方陣営中から会議継続を無意味と称して背反の行動を露骨に示す者すら現われるようになりました。脱落者は帰れと叱咤を続けながら、下村さんは静かに交渉打ち切りのチャンスを待たれた。

こうして、ソ連側からの申出によって来春を期することとなり、一応平穏裡に打切りとなった。年を越え独ソ不可侵条約があやしくなってから、背後の安全を固めたいソ連側からの執拗な督促を受けて、全権団を一新したソ連側と、一人のメンバーの変更もない満州側の交渉が再開され、今度は昨年ソ連側から拒否された満州国側の提案が、ほとんどそのまま容れられて会議は順調に進展し、交渉は無事に妥結を見ました。かくして敗戦の屈辱的約定をまぬがれ得たことは幸いでありました。これも偏えに下村さんの達見の賜であります。事に当り、変に応じて示された下村さんの裁量は、常に端倪しがたいものがあって、絶えず綽々とした余裕を保ち、およそ事に驚き、不要の緊張を示すこと等は、永い生涯を通じて曽って微塵も感じさせられたことがありません。中国の言葉にある大凡の志とは、下村さんのような風格を指したものでありましょうか。叩けば叩く程、遂にその底を知らしめなかったこの浩然の気に満ち満ちた下村さんの思い出は、ノモンハン国境劃定の交渉振りにも躍如として生きています。（『追想録』七九〜八一頁）

こうして下村信貞は、国境画定会議をまとめたのである。

第十八章　回想片々

以上の国境画定作業の後、下村信貞は昭和十八年に満洲国外交部次長となる（外務局は再び外交部となった）。外交部の実質的なトップである。四十四歳のときであった。以下では、満洲国時代の下村の人柄を表す回想を書き抜いてみる。

「回想片々」の一つ目として、後年、福岡市長になって活躍する進藤一馬氏の回想記を取り上げることとする。

下村信貞さんと、中野正剛先生との出会いは、中野先生の親友であった早稲田大学の杉森孝次郎教授の紹介で中野邸を訪ねて来られたときに始まったと思います。

私が下村さんを知ったのは中野先生の屋敷の一角にあった、学生塾猶興居に私がはいってほどない頃で、たしか大正十二年頃であったように記憶致します。私より年輩の下村さんは、若々しさにあふれ、溌溂とした方で、見識も高く、何事にも一家言を持った人で、又、非常に親しみ易く、兄貴の様に何でも、気易く相談出来る人でありました。

当時、下村さんは満鉄社員で、満鉄経営の大連工業専門学校の教授で、比較的フリーの立場で、倫理、哲学、ドイツ語等を講義して、進歩的学生の敬愛の的であり、人気の良い先生であったと聞いておりました。のちに満洲国に入られ、ハルピンの責任者となり、次いで外交部次長になられ、大きな存在として、頭角を表わしておられたのであります。

中野先生が生涯尊敬おかず師事しておられた、大連の振東学社の金子雪斉先生に下村さんを紹介したのは中野先生と思われますが、豪気な金子先生を尊敬し、良く振東学社に金子先生を訪ね教えをこわれ、又、金子先生も信頼しておられ、意気相通じるものがあったように聞いております。

下村さんが東京に出張された折には、良く中野先生を訪ねられ、国際政治や、国内政治について闊達に話しておられた時は、いかにも愉快そうでした。中野先生は下村さんの若々しさ、青年らしさ、しかも学問の出来る人物を高く評価しておられたので、イタリア、ドイツ、訪問の旅に一緒に行く様になりました。当時、下村さんは満州国外交部次長でありました。

日清事変を早期にかつ、平和的に解決にみちびく為、南京政府の背後の、イギリス、ソ連を牽制する必要から、ドイツ、イタリアと一層の理解を進め、共通の立場を強化するため、中野先生は頭山満、徳富蘇峰、三宅雪嶺諸先生の提唱により、国民使節としてイタリア、ドイツの最高責任者との会見のため、昭和十二年十一月十四日、白山丸で門司港から訪欧の旅に出たのでありますが、満州国に強く要請して、下村さんを同行されたのであります。他に朝日新聞のベルリン特派員を経験された黒田礼二氏と、私と一行五名の旅立ちでした。（中略）

下村さんは外国語にも強く、特にロシアについては事情通であり、ロシア語も堪能でした。（中略）下村さんは、私に政治家の苦労や選挙について、相当細かく質問され、夜おそくまで語り合いました。確かに、将来政治家として出馬したいとの、うつぼつたる気迫が充分あったように感じた事がありました。戦後、下村さんはソ連に抑留されたと聞き、一日も早い帰国を待ち望んでいました。それなのに残念にも抑留のまま、ソ連でお亡くなりになったことを聞き、非常に口惜く残念でたまりません。終戦前後の、ソ連の態度に対する憤りはなかなか消せません。政治家中野正剛を慕い、その政治行動に共鳴された人間下村信貞と中野先生は、もし世が世であれば、気息相通ずる同志として、共々に政治家として、日本の前進、革新運動の為に、力を寄せ合せられただろうと、静かに思います。（『追想録』六三〜六六頁）

「回想片々」の二つ目として、橋坂守氏の回想記を紹介したいと思う。題は「人と思想」である。

今にして思えば私は、満州国外交部にとって「禄盗人」といわれても仕方のない存在でした。昭和九年三月、当時の日露協会学校（満州国立大学哈爾浜学院）を卒業すると同時に、哈爾浜特派員公署に採用され、設置早々の「ソ連調査室」という、あまり生産的でない部署に配属され、昭和十七年十二月新京本部調査司に転勤しましたが、役所にはほとんど顔を出さず、「東北亜細亜文化振興会」という軍の息のかかった組織の一員として、アウトサイダー的な立場で、終戦まで文字どおり厄介になりました。こんなことがまかり通ったのも、下村さんの包容力のおかげだったと思います。

そもそも哈特公署に調査室ができたのも、下村さんの発意によるものと思いますが、下村さんは、恐らく満鉄調査部のソ連班の対抗馬として、それとは一味違ったものを目指しておられたものと思います。満鉄調査部の方法論はマルクス主義が主流を占めていたため、本質的にソ連を批判的に見るという視点が欠落していたからです。スタッフに亡命ロシア人の優秀な人材を数名入れられたのも、そのためであったでしょう。

ところが私自身は学生時代からいわゆるマルクスボーイで、親ソ気分が抜けず、ソ連を客観的に研究する姿勢からは程遠く、恐らく下村さんにとっては不満だったことでしょうが、黙って見ていて下さいました。しかし同室のロシア人たちとのつきあいも深まり、ソ連以外の文献にも触れるようになり、徐々にソ連の実態というものに対して目が開かれるようになりました。

そのころ私は、ソロネーヴィッチという亡命ロシア人の出している新聞や本の内容を要約したものを「白系ロシア人ソロネーヴィッチのソ連観」と題するパンフレットにして出してもらいました。後に、これが大橋次長のソ連視察報告の基調として採用されたことを知り、いささかの感慨を覚えました。

昭和十六年ごろでしたか、下村さんの指示で「反共」というタブロイド版の月刊誌の編集責任者をやらされ、何号か出しました。今でこそソ連の社会主義体制も馬脚を現わしていますが、当時は情報不足と、日本のインテリの対ソコンプレックスから、ソ連の実態については、ほぼ完全な無知が支配していた時代でしたから、小さな啓蒙の試みだったわけですが、日本で「反共」という言葉が使われた最初ではなかったかと思います。

「関特演」のころから、有事の際の軍の作戦にともなう行政施策の一環としての思想宣伝工作要綱の立案に外交部も関与することになったようで、私もその要員として新京に転勤を命ぜられ、前記の「振興会」(その命名は下村さんの主張による)で、建国大学の先生や、外務省調査部からの出向者らといっしょに要綱づくりに参加しました。

要綱案の思想宣伝面は、結局私のものが採用されましたが、下村さんは「改めるとすれば根本的にやり直さねばならないから、まあ仕方ない」と不満のようでした。というのも、すでに太平洋戦争が進行し、軍も対ソ両面作戦どころではなくなっていたからでしょう。しかし「振興会」は惰性で存続しており、私もいい気になって、アウトサイダーののんきなくらしにひたっていたというのが実情です。

そしてついに敗戦、ソ連軍侵攻の修羅場を迎え、下村さんはつかまり、再び帰らぬ人となられました。

(中略)

群盲象を撫するのたぐいですが、十一年余の公私にわたる接触を通じての断片的な思い出を書きつらね、私なりに下村さんの人間像を浮彫りにしてみたいと思います。

（人づきあいについて）

マルクスかぶれの私は、若気のいたりで、思想のちがう人間とはつきあいたくないという頑固な気持をもっていました。下村さんはそんな私に「人は人、思想は思想だよ」といわれ、私の青くささをたしなめられました。人づきあいには、その人の人格、人柄をこそ重視すべきで、思想は二の次だということをさとされたわけです。

（調査について）

他に能がないので調査マンで一貫したわけですが、下村さんは、「調査をやるとコンプリヘンシブにはなるね」といわれました。いわば問題や事象を包括的、総合的にとらえる力がつくということでしょうか。ただしその反面、「あまり迂遠なことではダメだ」ともいわれました。やはり目的意識をもって問題の解明にとりくむ、大は政策立案に寄与し、小は実務面にも役立つものでなければということだったでしょう。

（マルクス主義について）

唯物史観に対する根本的な批判はもちろんもっておられたのですが、同時に「労働を重視すること、労働者の地位向上を目指す点においてユニークであり、メリットがあった」との認識を示されました。盲目的反共主義ではありませんでした。下村さんはよく「私は右でも左でもない。」といっておられました。思想的には、早稲田の元哲学教授杉森孝次郎先生の影響を受けておられたように感じました。

それにつけても思い出すのは、昭和十五年ごろ東京出張の際、杉森先生あての紹介状をいただき、先生宅を訪問、うな重をご馳走になり、ご高説拝聴とまではよかったのですが、こちらの勉強不足から突込んだ質問もできず、かえって先生からソ連事情などを聞かれたのは冷汗ものでした。下村さんの部下指導、教育のあり方の一端を示すものです。

（社会民主主義について）

「社会主義と民主主義とは両立しない面もある」。「ソ連は赤色ファッシズムだという見方もある」といわれたのも記憶に残っています。西欧社民とちがって、ソ連型社会主義は計画経済にもとづく一党独裁体制（全体主義）ですし、民主主義とは相容れないものです。

（反ユダヤ主義について）

当時、軍部にはナチの影響で、反ユダヤ思想が相当強く、欧米もソ連も、実質的にはユダヤ人が支配しているかのごとき一面的な見方があったのですが、下村さんは「そんな単純なものじゃない。アメリカは親ユダヤ感情が強いが、アメリカの政策を何でもユダヤ人がほめているわけではないし、ソ連ではユダヤ人はむしろ反感をいだかれているのではないか」と批判的でした。この認識は今でも正しいものと思われます。

（日本主義・国粋主義について）

新京時代でしたか、下村さんが突然私の宅に来られ（時々部下の家を予告なく訪問する癖があったようです）、本棚にあった蓑田胸喜らの日本主義関係の本を見て、「君こんなものはつまらんよ」、

「彼等は虎の威を借りて人をおどす汚い連中だ」といわれました。今にして思えば、本当にそのとおりでした。下村さんはこういう偏狭さを嫌われたし、特に品性ということを重んずる方でした。立場上軍には協力せざるをえなかったわけですが、決して一遍倒ではなかったのだと思います。

（自由主義について）

私共が学生時代、つまらぬことで授業拒否をやったことがあります。下村さんはもちろんそのことはとっくにご存知だったのですが、私が役所に入って間もないころ、よくは覚えていませんが、何か服務規律に違反する行為をしたことがあったのでしょう。下村さんに呼びつけられ、怒った顔で「グニロイ、リベラリズム」（腐った自由主義）だと叱られたことがあります。（ちなみに下村さんはロシア語も大分勉強されたようです。）当時は、いわゆる大正デモクラシーが尾を引いていた時代で、私などもそのひそみをもっていたのですが、それをソ連の自由主義罵倒の常套語を借りてたしなめられたわけです。しかし下村さん自身は本質的にはリベラリストだったのではないでしょうか。でなければあれだけ幅の広い考え方はできませんし、またあれほど部下に対して寛容ではありえなかったはずです。リベラリストといって悪ければ、精神的自由主義者であり、ニューアンスは違いますが、精神的貴族主義者でもあったと思われます。（『追想録』二〇三～二〇七頁）

「回想片々」の三つ目として梶浦智吉氏の回想をとりあげる。

昭和九年春、ハルピン学院を卒業した私は瀬下はるさん（下村夫人母堂）のお世話で、満洲国外交部北満（ハルピン）特派員公署に採用された。そこの日本人最高責任者が下村信貞理事官だった。

公署での最初の仕事は、暗号電報係だった。ある日私は理事官室に呼ばれた。ひとりで事務をとっていた下村さんは、私がドアを閉め終わるや否や、「梶浦君だめじゃないか、カギをかけずに出ては………」と怒鳴りつけるのであった。あんな大きな声を出す下村さんにはその後お目にかかったことはない。私は十分ぐらい前に、他の用で電報室をちょっと空けたときカギをかけ忘れたのを思い出した。ちぢみあがって立ちすくんだ私は、次の叱責のことばを待ったが、あとはいつものとおり、さらりと仕事の指図だった。

役所での下村さんは電光石火事務を処理をして、来客のないときは読書をするか沈思黙考していた。そんなときの下村さんの顔は近寄り難いほどこわかった。米子夫人がこんなことをいわれたことがある。「役所での下村はこわい顔をしているでしょう。わたしがはいっていっても、まるで見も知らぬ女が現われたようなこわい顔をするのですよ、にくらしいったらありやしない………」

電報係の仕事にも慣れたころのある土曜日、私は下村さんに「これから競馬へ行くからな」と、自動車に乗せられてしまった。いやおうなしである。自分の凝り性を知っている私は、まずいことになったと思ったが、どうにもならず、以後毎土曜日曜に下村さんのお供をするはめになってしまった。

その夏のある日、私は下村さんから「君はマージャンをかなりやるそうじゃないか、教えて欲しいが、適当な牌を買ってきてくれ」といわれた。夕方牌を持ってお宅へ伺うと、夫人からクレームが出た。「梶浦さん、下村は凝り性で、わたくしが困らされるにきまっているのですよ。お願いですから教えないでください」私は間にはさまって困惑したが、結局夫人も御主人に押し切られてしまった。下村さんは中国人とのつきあいには、麻雀が必要だと思われたにちがいない。だがそれからがたいへん。ほとんど連日のお呼び出しとなった。テニス、麻雀、碁、競馬のほかに、しばしば催される公的私的宴会の帰りのキャバレー、カフェーといった具合で、如何に若い私でも、もうクタクタ。下村さんはといえば、いくら夜ふかしをしても翌日はケロリとしている。そして、暇を見つけては書店に立ち寄り、一抱えほどの新刊書などを購入し、何時の間にかそれを消化して、要点を分析してしまっている。そんな下村さんからは「忙しくて勉強ができんというのは逃げ口上にすぎん」と牽制され、誤字、拙文を出したり、常識的なことを知らなかったり、物事をよく考えずにいい加減に処理したりすると、こっぴどく指摘される。そのうえ「進歩がないのは救い難いね」などと皮肉られる。となると、こちらも何クソとばかり、多少の書物に手をつけてみたりするものの、もともと脳ミソにスが通っているんだから身につくわけがない。

けれども後日よく考えてみると、電報係の私は新京外交部への下村報告、特に互いに力量を認め合っていた、後の駐日ソ連大使当時のハルピン総領事スラウッキーとの丁々発止の折衝振りや情勢判断、意見具申など、そこらそんじょの書物ではお目にかかれない珠玉の文章に毎日接していたわけで、これにまさる勉強はなかったのである。それが知らず知らずの間に私の頭に刻み込まれたと見えて、後年シベリヤ抑留中、たびたび遭遇した絶体絶命の難局をなんとか乗り切ることができたのは、ひとえに「下村訓育」のお蔭だと思っている。

競馬は損するものときまっているが、同じ負けるにしても下村さんの賭け方は私のようなみみっちいものではなく、奇想天外ともいえるものであった。ときにはそれで大穴を当てることがあり、そのときの下村さんの無邪気な得意顔が今も眼に浮かぶ。奇想天外といえば体裁はいいけれど、勝負ごとでは下村さんには多少抜けているところがあった。碁では橋坂君あたりにその弱点をつかれて、しばしば奇声を発しておられたようである。

また下村さんには、人をとことん信じ込んでしまうところがある。外交部次長時代の下村さんがときには「俗世間」のことで、私の同意を求めるように見当はずれの情報を洩らすことがあった。そんなとき、あとでバツの悪い思いをされないようにというわけで、私は遠慮会釈なく「知らぬは次長ばかりなり」といって済まし込むのだった。下村さんはギョッとして私を睨むけれども、それ以上根掘り葉掘り問い質すことはなかった。

「人間」という点では、抜けているというよりは、欠けている私などは、こんな下村さんに魅せられて、終生のめり込んでしまったのである。米子夫人の母君の瀬下さんが、あるとき私にしみじみいわれたことばが、今も耳に残っている。

「下村はこれっぽっちも意地悪なところのない、心のきれいな人ですよ」

昭和十八年の旧正月前のことだったと思う、ブラゴベシチェンスク領事館時代可愛がった中国人コックが新京外交部の私を訪ねてきて、故郷山東省にいる妹が結婚するので帰省したい、ついては結婚祝いの品を持っていきたいが、税関がやかましいので、外交伝書使のためのスタンプを自分のカバンにつけてもらえまいか、といった。私は即座に、「こいつ一儲け企らんでいるな」と見抜いた。長い間の中国人とのつきあいから、特に「利」を基底として「信」も「交り」も打ち建てているその哲学に、私は関心をもってきた。だから私との交りを利用して利益を得ようとする、このコックのやり方を理解できた。思えばこの逼迫した戦時統制経済の中で、外交部の日本人が中国人に利益を与えられるのはこんなことしかないではないか。たとえほんの小さなサービスでも、やがて来るべき終末のときに、外交部の日本人のために、もしかしたら役立つのではあるまいか。役人としては馬鹿としか考えられないムチャクチャな行為だが、ここは一番申し出をのんでやろう。

コックは山海関の税関は無事通過したが、北京の満洲国代表部でバレてしまった。カバンの内容は、毛皮その他の巨額な品物だった。品物はそのままコックに返されたが、その報告が外交部に届いて、私の耳にもはいった。やがて、下村次長からのお呼び出しである。

「梶浦君、なぜこんなことをしたのかね?」

私は下村さんの眼を見ながら、静かに言った。

「今は中国人にできるだけよくしてやっておく時期ではないでしょうか……」

二人の眼が合ったまま数秒間過ぎた。

「もういいよ」

これきりで、お咎めはなかった。

カバン事件後数ヶ月たったある朝、私は遅刻した。そして、そのことから上司と衝突して、席を蹴って帰宅した。職場放棄である。非はまったく私にあった。上司と私は私的には親密な間柄だったが、公的にはきちんと枠の中にはまっている上司に対して、私はその枠をはずそう、はずそうとした。こんな私のやり方は、役人としては通らない。だからこれまで、どの課へまわされても物議をかもした。もともと私は役人には不向きだったのである。おそらく蔭で下村さんもホトホト手を焼いていたにちがいない。あるとき「梶浦君はこわいよ、何をしでかすかわからないからな」といわれたことがある。私の非常識の行動の背景には、ただ席に座っていて、在外公館宛の電文を一、二枚書くくらいでお茶をにごし、さりとて気儘に自分の勉強もしてはいけないといった役所の日常に対するストレスがあったことは否めない。下村さんがいなかったら、おそらく外交部を飛び出していただろう。

とまれ、責任はとらねばならぬ。辞表を書いて、夕刻を待って次長宅へ向かった。もちろん今日の行状は下村さんの耳にはいっているだろう。弁解の余地はない。しかし今日こそ心のうちをぶっつけてみよう。どうせ敗戦は、そう遠くあるまい。たとえそれまでの短い期間であろうとも、まともな生き方がしてみたい。

「やめさせてください」

と私が言うと、

「そんなことをいうなよ、こんな情勢では、こちらがやめたいくらいなんだ。故郷の田舎へ帰って満ソ外交史でもじっくり書きたい気持なんだ。さあ、碁をやろう」

ということばが返ってきた。

そもそも下村さんにお目にかかって以来長年の間薫陶を受けてきたが、それはきまって禅問答のようなかたちで行われた。長ったらしい説明はいっさいなかったのである。今度も例によって禅問答的に片づけられてしまった。そして数日後、橋坂君と二人だけの調査課分室勤務を命ぜられたのである。

禅問答といえば、あるとき下村さんが「あの人は投げているよ」といった。あの人とは、満ソ国境交渉関係嘱託の漢文の老学者であった。私は当時「投げている」ということばを、何んとなく判ったような、判らぬような感じで受けとめていた。けれども私がソ連のラーゲリに抑留されて「お前は今日死ね、俺は明日」といった修羅場に立たされ、首の根っこを押えられて糞つぼに顔を突っ込まれるような境遇におとされても、なお必死に生にしがみついている自分を見詰めたとき、はじめてこのことばの意味がつかめたのである。酷寒とブヨと重労働のラーゲリで、人々はおしきせのえさを奪いあう。弱肉強食だから、弱者はバタバタ斃れて行く。そのうちの最も身近なひとりに、自分のパンを分かち与えたら、その人は死ななかったかも知れぬ。だがそのかわり、自分が死んだかも知れないのだ。じゃ、どうすればいいんだ。だれも答えられはしない。つまるところ「投げ」ざるを得ないのだ。良寛がそうだったろう。寒山拾得も、そして山頭火もそうだったかもしれない。下村さんはすでに学生時代から「投げる」ことに徹し、「故郷の山で満ソ外交史を書きたい」といわれたとき、それが最高潮に達していたのではなかろうか。

（中略）

以上主として下村さんの人柄について書いてきたが、下村さんの頭脳と力量は、いってみれば弘法大師級で、それだからこそ、山本玄峰、杉森孝次郎、中野正剛といった歴史的人物や、数多くの高徳練達の士をはじめ、役所の中国ボーイに至るまで、あらゆる階層の男女を魅了し、畏兄深井富之助、畏友橋坂守と言った超ど級のくせ馬をやすやすと御し得たわけである。特に当時国際情勢上焦点都市の一つだったハルピンに屯していた大新聞の錚々たる記者連中が、下村さんにはコロリと参ってしまったことには驚くほかはない。

しかし、何んといっても今から四十数年前に、下村さんが各方面を説き伏せて、橋坂君を主軸に創設した在ハルピン外交部対ソ連調査室が、後にその実質的規模と内容に於て満鉄調査部、外務省調査部に匹敵、ある点ではそれらを凌ぐほどに成長したのは、もっぱら下村さんに負うことはいうまでもないが、当時の調査報告がそのまま今日の情勢にあてはめて罷り通るものであることは特筆に値いする。それにつけても下村調査報告の再生かとさえ思われる対ソ連論文をつぎつぎとものにする畏友内村剛介君（中略）を下村さんに引きあわすことができないのは、かえすがえすも残念なことである。（『追想録』二一一〜二一八頁）

最後に「帰らぬ人」と題された北見遼氏の文章から、戦前の下村信貞について書かれた部分を抜き出してみる。

私は外交部については、まったくの門外漢である。ただ、軍隊に召集されるまえ、偶然、一度だけ、下村さんにお目にかかったことがある。それは、記憶はおぼろげだが、たまたま新京でたしか美術関係の人に会ったとき、「ちょうど下村さんのところへお伺いするから随いてこないか」というようなことで、一面識もない貧しい一青年であった私は、甚だ恐縮しながらも従ったわけである。

夜だったが、そこは旧領事館のあととかで、樹木に囲まれた赤レンガの建物だったと記憶している。広い応接間で待っているあいだ、私は、壁にかけてある四号ぐらいのケシの油絵に見とれていた。これは、私も好きなS画伯の作品にちがいない、と思っていた。満洲の荒っぽい空気の中で、こういう珠玉のような美しいものに出会うことは、稀なことであった。

いつの間にか入ってきた下村さんは、「君、絵がわかるらしいね」といわれ、楽しそうであった。美しい夫人があらわれて、コップに冷酒を注いだのを出された。二、三十分、美術の話などされているのを傍で伺い、辞去したように記憶する。(『追想録』二一九～二二〇頁)

第十九章　シベリア抑留

日本の敗戦が決まると、満洲も大混乱に陥る。下村信貞もシベリアに抑留されることになった。今から書くのは、堀岡洋五郎氏の回想である。話は新京の昭和二十年九月である。

満洲国の外交活動、特に対ソ折衝に当っては、透徹した展望と縦横の経綸をもって活躍なさった下村次長、あの温顔で悠揚迫らぬお振舞いは、今も私の脳裏に去来してやまず、時には夢に見ることさえある。

終戦当時の混乱の最中、次長はよく冷静に外交部の終末に対処され、血気に逸やり勝ちのわれわれを誘導して、その猛進を戒められた。また一方、精神的に打ちのめされ、全く暗憺とした生活の中では、兎角希望的な観測に趨る者もあり、次長は厳しくこれを諭して居られた。

（中略）

九月二日の午後ソ連軍のジープ二輌が、宝清胡同の私の官舎の前で停まった。（中略）ジープは西公園を過ぎてから駅へは行かず、海軍武官府へ。ここで将校の態度は一変、武官府の正面玄関で私の服装検査をし、直ちに強引で厳しい取り調べを始めた。朝方、一応の訊問が終ると、私は武官府の一室に監禁された。ガランとしたこの部屋には先客として、関東軍の森川少佐が独り居た。互いに慰め合う言葉もなく、万事休す。真新しい銘仙の布団の入った布団袋が搬入され、翌朝は洗面器に山盛りのご飯を持って来た。糯米を炊いたもの。食塩だけで、副食は皆無。全くやり切れぬ思いがした。

その後、この部屋へは関東軍の鈴木中佐、海軍武官補佐官たち、日本大使館の中村書記官、宮崎総領事、協和会の幹部、顔見知りの白系ロシア人たちも入って来て、大分混雑して来た。

ここで約一ヶ月の間、数回の取り調べがあったが、下村次長もこの武官府の別室で拘禁、取り調べの憂目をみられたことは、十月二日の午後、私たちがシベリア送りの第一陣として武官府を出され、新京駅前広場に集まった時にわかった。

(中略)

新京駅でシベリア送りの有蓋貨車に乗せられたのは、祭祀府副総裁の沈瑞麟さん、興安局総裁巴特瑪拉佈坦(?)さん、軍事部次長真井鶴吉さん、海軍武官丸茂中将、日本公使上村伸さん等と、高位顕官の方がたが多かった。このほかにドイツ公使をはじめ、駐満独、伊公使館の人たちも一緒であった。沈瑞麟さんを筆頭に相当高齢の方が多く、これから送り込まれるシベリアの厳寒をどのように迎えるか、全くやり切れない思いがした。それにしてもドイツ人たちは、参事官が既に抑留生活の経験者であった為か、われわれ日本人ほど沈鬱には見えなかった。

新京駅を出る貨車の中では、次長の隣りで起居させて頂いた。着のみ着のままで連行された私は、夏服に開襟シャツ姿。シベリア送りが決まってから、留守宅から届いた廃物の防寒外套が命の綱であった。それでは寒いだろうと、次長は予備に携行しておられた冬服と交換して下さった。この次長の冬服で、私はシベリア抑留の二年間を過ごさせて頂き、まことに有難いことであった。

乗せられた有蓋貨車には、ソ連の看視兵がついて、警戒が厳重である。かれ等は気休めに、この列車はダモイ（帰国）列車であると云う。このような気休めを誰も信じなかったが、当時の新京駅は運転操車機能が混乱をきわめていた。閉め切られたわれわれの貨物列車は、夜になって漸く動き出した。しかし、進行方向が皆目わからない。南下しているとは思えないが、吉林へ向けて東行し、北鮮経由の送還ではないだろうかと云う者も出る。北行していることがハッキリわかったのは、陶頼昭だったか、双城堡だったか、あの特異な駅舎を垣間見てからである。それでもなお、ハルピンから東行してウラジオストークから送還するかも知れないとの希望的観測さへ出る。溺れる者は藁をも把むと云うが、外界と完全に遮断して、すし詰めにされた貨車の中では、北鮮説、ウラジオ説、いずれも日本送還という万一の僥倖に望みをつなごうとするお目出度さ。敗戦という前古未曾有の逆境に立たされた人びとの思惑はさまざまであった。

ハルピン駅で列車は待避線に入って、長時間動かなかった。奥地から引揚げの日本人婦女子の一団であろう。雨に濡れて見すぼらしい姿の長い列が線路沿いに行く。全く見るに堪えない満洲国終末の姿である。

三段に仕切られた有蓋貨車の中は沈鬱そのものであった。この四月、ソ連のパウルィチェフ総領事と交渉のため、次長のお伴でハルピンへ出張して、名古屋ホテルに止宿。「花枝」さんと呼ぶ女中頭の人からいろいろ親切に面倒をみてもらったことがあった。次長は冗談まじりに、もうそろそろ「花枝」さんから、温かいお握りの差入れが届くぞ等と、滅入り勝ちの私の気持をほぐらせて下さったこと、すし詰めの貨車の中だけに、次長の横に寝ていると、行儀のよくない私の腕が無意識のうちに、次長の顔や肩先にも伸びるのであろう。眠っている私が気付かぬように私の腕を毛布にたたみ込んでいただき、ハッと気がついて恐縮したこともしばしばあった。日頃、雑事には無頓着で、細かいことに気を配られないように見えた次長の一面も窺われ、今にご恩顧のほどをかみしめている。西部線の安達を過ぎた頃であったろう。興安局の巴特瑪拉佈坦（？）さんが、貨車の小さな換気孔に口をつけんばかりにして、大きく呼吸して居られる。どうされたかと尋ねたら、故郷の牧地の空気を吸って別かれるのだとのこと。この姿を見て全くやり切れない思いをしたのは、私ばかりではなかったろう。

国境の満洲里では、これが最後と、僅かばかりの手持の金をはたいてニンニクを買った。西行してチタ駅に下車、ここで一週間留置されたが、この間に祭祀府総裁橋本虎之助中将、満洲里領事松田正綱さん達も合流された。チタ駅を出たわれわれの抑留列車はハバロフスクへ向かったが、途中で食糧の供給が絶えて、丸一日絶食させられたこともあった。ハバロフスクに到着したのは、十一月三日明治節の夜であった。ここでは、日本軍の収容されている黒竜江江岸のピオネール・

ラーゲリに入れられた。空腹で到着したわれわれ一行は、兵隊さん達が作ったおはぎのご馳走になり、漸く蘇生の思いがした。翌四日には、ハバロフスクを発って西へ送られ、猶太自治洲のビラカンの囚人ラーゲリに収容された。

（中略）

ビラカンで配所の年を越したわれわれは、春になってまたハバロフスクへ逆送された。本格的な取り調べもなく、ラーゲリの生活にも少しは馴れてきた。無聊のままに、囲碁、将棋、麻雀もやった。いずれも兵隊さんが手作りの道具である。また俳句の集いも催され、関東軍司令部副官の小林少佐が指導されたが、下村次長の投句の秀逸なのに、先生は常に絶讃を惜しまなかった。

この頃、私たちは日本軍捕虜収容所にお預けの身であったわけだが、作業には駆り出されなかった。ただ収容所の自活作業として、暖房用の薪作りを自発的にやった。次長も退屈しのぎに時どき出て来られたが、薪割りよりも、鋸挽きがお好きのようであった。最もお困りだったのは、煙草の欠乏。配給された黒パンや砂糖を煙草と交換したり、時には松葉などをマホルカに混ぜて喫んで居られることもあった。作業に出ている兵隊さん達も、次長のお人柄を知る者は、お好きな煙草を献上していた。

当時、私たちの食器は、アメリカの援ソ物資だったソーセージ鑵詰の空鑵。手作りの箸、スプーン。閑にまかせて、いろいろと細工ものが作られた。道具は切出し小刀、針金で作った錐、紙やすりからガラスの破片まで、いろいろと工夫された。しかし、次長はこのような工芸、細工には全く無関心で、箸は木の細枝を折ってその儘使っておられたこともあった。不器用というのか、無頓着というのか、ご自身は一向に気にされない様子。海軍武官補佐官の三浦中佐は機関科出身だけに、実に器用な人で、パイプやスプーンなど細ごまとした細工ものを作って、次長へ差上げておられた。

ビラカンの冬の夜は長い。ドラム鑵で作ったストーブを囲んで、お国自慢の食べ物の話がはずむ。黙って木工細工に余念のない人たちもいる。ストーブの上には、高梁粥や、お茶を温める缶詰食器が行儀よく並ぶ。白樺の薪はよく燃えてくれた。ストーブのめぐりは談論風発。職位を離れ、文字通り丸裸になった抑留者の生活では、時には下剋上的気配の出てくることもある。次長は、口数も少く、政治や外交問題には余り触れられない。和やかな炉辺談義の中で次長の統裁ぶりは、実に鮮やかなものであった。

昭和二十一年の春早く、私たちはハバロフスク第二十収容所（大隊長、千葉大尉）に移された。これまでも、ソ連は、われわれ抑留者の離合集散をはかったが、この収容所までは、幸いに私は次長と一緒であったので、実に心強かった。

四月早々であったと思うが、近くのラーゲリにいる日本軍の大隊が、言葉が全然不通で作業能率が上がらず、誰か通訳に出て欲しいと、ソ連側から要求された。それでも、今日まで苦難を共にしたわれわれ仲間から離れて他の収容所に行くことには、尻込みして誰も応じようとはしない。結局、下村次長の示唆もあって、この役目を私が引き承けることにした。しかし、これが次長と永遠のお別かれになろうとは……。

　新しい収容所はアムール江岸にあった。（中略）ところが、それから一週間して、深夜に大変な事件が突発した。収容所から日本兵七名が脱走逃亡したのだ。ソ連側は俄然態度を変えて、新来の私がこの逃亡を計画実行させた張本人であると断定。即刻、私は元の第二十収容所へ送還され、一室に特別監視兵付きで監禁される身となった。

（中略）

　この事件が切っかけで、私の身許を洗い直したのであろうか、数日後、私はハバロフスク監獄に収監、厳しく取調べを受けることとなった。（中略）後にわかったことだが、下村次長も近くの部屋に、既に入って居られた。散歩や用便で、部屋を出入りするとき、次長の姿を垣間見ることがあったが、果してお気付きであったかどうかわからない。

（中略）

　私の取調べも終りに近づいた頃であったろう。これまでの大尉の訊問官が、スミルノフという大佐に代った。彼の云うには、「下村さんの陳述調書は、こんなに部厚なものになったが、君の調書は数枚だけで、ものにならない」と苦情を述べたことがあった。私に対する訊問は、下村次長取調べの裏付けにしたかったのであろう。私の陳述が何等か次長のお役に立てばと念ずるのみであった。下僚の私たちとは異り、取り調べに対して、次長は随分と長期にわたって忍苦と懊悩の日を続けられたことだろうと、洵にお気の毒に堪えない。

（中略）

私は、以前の第二十収容所に帰され、抑留生活を続けることとなったが、次長には遂にお目にかかれぬまま、昭和二十二年七月、抑留帰還者の一団に加えられた。

同じく新京からシベリアに連行され、牢獄、流謫の生活を共にしながら、逸早く帰還できた私は、なお残留を余儀なくされて、竟に朔北の地に無念の最期を遂げられた下村次長を憶い、まことに痛恨、哀惜に堪えない。次長が満洲の建国史に印された不滅の足跡、そして、ありし日のあの温容。あれを懐い、これを憶うとき、追慕の情切切として限りなく。幸いに令夫人をはじめ、ご遺族の皆様がご健康で、ますますご多幸であられ、次長のご遺徳に光輝を加えて居られるご近況を承わり、いまは只ただ、安らかなご冥福をお祈りして、合掌するのみである。（『追想録』一一五〜一二四頁）

次に菅原道太郎氏の回想をとりあげる。菅原氏は終戦後の樺太で「反ソ謀略罪」の嫌疑で逮捕され、空路でハバロフスクの第一監獄に拘置されるという異色の経歴を持つ。このハバロフスクの第一監獄で下村信貞に邂逅する。この獄中には、山田関東軍司令官や武部満洲国総務長官を始めとして、多くの満洲国官僚が入獄していた。以下は菅原氏の回想である。

六月が近づいていた。延びきった陽射しは、夕食を終ってもまだ獄室の壁に赤い夕映の影を明るく写した。七号室から隣の六号室へ、われわれの移動が行われたのはその頃である。

入牢約半歳、もうすっかり顔馴染になってしまったスタルシーナ（ソ連牢獄の看視兵班長）は、廊下への扉を開け放しにした儘、われわれが勝手に荷物や寝台を運ぶのに委せている。六号室は素晴しく広い。七号室の約五倍、日本間とすればおよそ四十畳はあろう。狭い部屋から急に入ると、一寸開放された様な気分になる。

「シュダー。モージュノ・プログリャーチ（こゝなら散歩が出来るよ。）」

一緒に移ったソ連人未決囚シニツィンは子供の様に嬉しがって、ダンスのステップを踏んでいる。

先ず大掃除をやろうというので、スタルシーナに頼んで箒と水桶と雑巾を貸して貰う。二人共上半身裸となり、ズボンの裾を捲くり上げ裸足になって、天井から壁へと、水をかけては洗い上げる。スタルシーナがクロップ（南京虫）の特効薬だといってベンヅィン（揮発油）を持って来てくれる。それを壁から杭、それから寝台と、凡そ穴のあいている個所へ一面に撒き散らしたので、目がまわる程ツンツンする。しかし、気分は清々した。トンボチカ（戸棚）の中を掃除しようと思って戸を開けると、粉末味噌の小袋と、青黴の生えた黒パンがギッシリ詰まっている。この部屋にはわれわれが移るまで、元満洲国総務長官の武部六蔵氏が居た筈であるが、これらは同氏の食べ残したものなのであろう。「クダー・ミニストール・タケベ・ウショール？（大臣武部は何処へ行ったのか）」

ソ連人は武部氏を大臣と呼んでいるので、こう訊いてみる。

「オン・ダモイ。モージェット・ブイチ・フ・トウキョー。（国へ帰ったよ。多分東京へ）」

スタルシーナは、にやにや笑っている。日本人が動けばダモイ（家へ帰った）と言い、フ・トウキョウ（東京へ帰った）と言うのが、彼等の口癖である。実は何も知らないのだ。

掃除を終って、さて寝台を置く段になると少々困った。あまりだだっ広くて、格好がつかんのである。仕方がないので、部屋の真ン中の所に二台並べて一服やっていると、スタルシーナが入って来て、これじゃいかん。もっと他に人間が入って来るから、今少し壁の方に寄せて空間を造れという。どんな人間が来るか。質の悪い男じゃないかと少々心配になる。シニツィンの顔にも落付きがない。

やがて看視兵が、われわれのと同じ型の寝台を運んで来たが、その後に続いて、一人の異様な人物が現われてきた。

半白の長髪を芸術家風にやゝ無雑作に伸ばして、焦茶のスコッチ織冬背広服、うす汚れた縞ワイシャツに、手織らしいネクタイを結び、この暑さに猟虎か獺の襟皮を物々しくつけた栗鼠皮総裏張の黒駱駝製防寒外套を着て、足にも緬羊毛皮裏張のズック製軍用防寒編上靴を、紐も結ばず引摺る様に履いている。恐らく五尺八寸、二十貫は充分らしい堂々たる体躯、彫の深い相貌顔色から見て東洋人であることは確かだが、日本人離れのした風貌である。満人か、それとも蒙古あたりの大人かな。フトそんな気がした。荷物は毛布を一枚肩にかけたきり、他に何にも持っていない。のっそりと入って来て、一寸われわれに目礼したきり、空いた寝台に毛布を置き、その上に腰を下して、黙ってあたりを見まわしている。(何て話しかけてやろうかナ。ロシア語でやってみるかナ。)

そう考えながらフト彼の脚元を見ると、履いた防寒靴の紐穴の両側に村という字と、下という字が墨で書いてある。村下か、下村か。何れにせよ、日本人に違いない。「一服いかゞです。あなたは日本人でしょう。」

「えゝ、有難う。」

彼は私の差し出した小箱から、一本抜いた。「何しろ僕は昨夜夜中にこゝへ連れてこられて、今日またいきなり此の部屋に入れられたので、要領が一つも判りません。まあどうか、万事よろしくお願いします。」

「来られたのは、満洲からですか。朝鮮ですか。」「新京です。終戦後まもなくつかまって、ハルビーン、チタと引っぱりまわされてから、この街へつれて来られました。」「こゝに入れられる迄は。」「市内の収容所に居ました。ハバロフスクには市内に二十四・五箇所ばかり、日本人のラーゲリ(収容所)があるんです。主に日本の兵隊を拘禁してるんですが。その一つで第十六収容所の二十号分所という所に、今まで置いとかれたんです。で、あなたはどこから来られたのですか。そしていつ頃。」「樺太から今年の一月、飛行機で運ばれて、その儘この監獄入りです。もうこれでほゞ半年、牢屋暮しもそろそろ板について来たという所です。」「樺太から。そうそう樺太も随分やられましたネ。あれはいつだったかナ、樺太の一行が大勢来ましたよ。二十収容所へ。何でも裁判所関係の判事さんや検事さん。それから少し遅れて実業家の連中が。」「エ。あなたのところへ。一緒に居たのですか。誰々であったか。名前を憶えていられますか。」「そう。随分沢山なので一々思い出せないが。裁判所関係ではモーニングを着たまゝ捕って来たという所長さん。碁が上手で三段とか四段とか言っていた人……」「橋本裁判長でしょう。」「そうそう橋本さん。それから元気のいゝ検事正。阿部さんと言ったかな。その人と一緒に西山という実に愉快な人が居た。何でも醸造の技師だとかいうんだが、馬鹿に器用なんで、なんでもかんでもわれわれのほしいものを造ってくれる。下駄、草履、パイプ。しまいには酒を飲みたいなどと言い出す人間があって、彼は黒パンの粉を何とかいじくって酒のようなものを造りだした……」「西山……。名前は三郎と言いましたか。」「さあ、そいつは忘れたが。何でもその友人でソ連のお尋ね者になっていた大物を日本に逃がしてやろうと発動機船を手配している中に、途中で発見されて捕まったとか言ってましたがネ。（中略）阿部さんなどはすっかり惚れこんで、この男さへ一緒に居てくれゝば北極へやられても心配はないなんて言って居ましたっけ。」

おゝ西山三郎。彼こそ、私が豊原に乗り込んできたエム・ヴェー・デー（ソ連内務省即ちゲー・ペー・ウーの改名された機関）によって、反ソ諜略の重大犯人として指名検挙の的となった時、その逮捕網の中をかいくぐって西海岸の漁港遠節沖に、船を用意してくれた男ではないか。（中略）しかし既に全島に張りめぐらされたソ連当局による非常網の厳しさは、遂にその時刻に、その海岸に近づくことを私に諦めさせた。（中略）然るにその西山氏がこのシベリアに捕われて来て居ようとは。

（中略）

シニツィンが口を挟む。われわれが彼に判らぬ日本語で話し合っていることにジリジリしていたらしい。

新入者の姓が下村であることを確かめてから、私は説明した。「エヴォ・ファミーリヤ・シモムラ。オンプリイエハル・イズ・マンチュウコゥ（彼の姓は下村で、満洲国からやって来た）」

私は下村氏に、シニツィンのことを説明した。獄中のつれづれに、同房の彼からいろいろと聞きとめたことを、かいつまんで物語った。そして、充分信頼の出来る人柄であることを附け加えた。「どうか僕のこともよくお願いして置いて下さい。失礼ですが、あなたは何所でロシヤ語を習得されましたか。」「なに監獄に入ってから止むなく噛り出しただけで、片言しか判らん程度ですよ。」「そうすると僅か数ヶ月で。そんなに話し合われるんですか。」

下村氏はいかにも感心した面持である。そしてシニツィンに何か話しかけようとする時は、必ず私に仲介を頼んだ。

夕方の用便時刻が来て、下村氏が厠に立った時、シニツィンは私にそっと囁いた。「お前は下村としきりに話し合っている様だが、用心しなければならない。下村がどんな男か、又どんな目的でわれわれの部屋に入れられたか。われわれには何も判らない。ソ連では同室者を通じて秘密を訊き出すことが屡々行われる。政治的な問題、ソ連に対する批判、お前の取調べを受けている事件の内容などに就いては、決して喋ってはいけない。」

私は別に下村氏を警戒する気にはならなかった。しかしシニツィンの言葉は、私の心にうつるソ連の社会を一転暗いものにすることに役立ったのである。

翌朝九時頃、下村氏は看視兵に呼び出された。そして夕方晩飯頃帰って来たが、非常に疲れた様子である。「どこへ行ってこられました。訊問ですか。」「エム・ヴェー・デーに行って来たんですがネ。辛辣な訊問で、若干憂鬱なんですヨ。」「どんな事件なんですか。」「いやあ。結局満洲国関係のことなんですがネ。」「元満洲国政府に関係されていたんですか。」「エゝ。外交部の方に。」「外交部と言えば大橋という外交部次長がいましたネ。」「大橋が東京に帰った後を、僕がやっていたんです。」

一寸私は面喰らった。元満洲国外交部次長を前に置いて、事もあろうにロシア語の通訳を、私が買って出て居たのである。それにしても、知らん顔をして、二日間もやらして置くとは下村氏も少々人が悪い。「こりゃひどいですね。シニツィンの通訳を僕にやらせっぱなしにして置くなんて。」「いやあ。唯の二三箇月でロシヤ人と話し合うあなたの才能に感心して居ったんですヨ。僕なんかロシヤ語を始めてから二十年近くになるんですが、まだ物になって居らんのですから。」「とに角、僕は呆れましたよ。これからは、ロシヤ語はこの部屋で喋らんことにしますから、宜しく頼みますよ。」

下村氏はにやにや笑っている。私はシニツィンに向って、下村氏は満洲国のミニストル・イノストラーンヌイフ・ディエル（外務大臣）であること。今日からロシヤ語の通訳は、下村氏と交替することを告げた。「エート・ズダーヴォ（それは素晴らしい）」

シニツィンは相好を崩した。そして、下村氏に向って早口に話しかけた。すぐ下村氏が応酬する。しかし私には残念ながら、ほんのところどころしか訳が判らない。この時から、私は完全にロシヤ語会話の圏外に出た。

下村氏の訊問は毎日のように続いた。山田大将の場合がそうであった様に、大概それは昼近くから始められ、夜遅くまでかゝった。時には夜中の一時二時。明け易い高緯度帯の初夏の夜が既に白みかける頃帰ってくることもあった。

訊問は満洲国外交部在任中の対ソ外交に於て、日本政府及び関東軍首脳部からどんな秘密命令を受けたかという点に置かれているらしい。

「公式に発表された事でなく、その裏にどんな秘密協定があったかということをつゝいて来る。それが驚くべき周到な用意でつゝこんで来るんで閉口しますヨ。例えば、僕の名前の載った新聞雑誌の記事は、全部スクラップが出来ている。一番参ったのは、署名入りの記事をつきつけられることで、そら、よく日本じやあやるでしょう。忙しいとき、記者連中から何か書けと頼まれる。ざっと忙しいからと逃げると、そんなら適当に原稿を作るから署名だけ承諾してくれといわれる。ざっと目を通して、まァいゝだろうで出てしまう。そいつが今ここで、全部僕の意見であると断定されて、つっこむ足場にされている。例えば昭和十四年の満洲国年鑑に外交問題概観という様な題の一文が、僕の署名で載っている。その中に、ソ連国境の紛争事件は多少あるが、何れもソ連側の不法或は不条理な行動によって惹起されたものである。日満側としては、ソ連の自重と反省を強く要望するものであって、もし然らざる場合、将来不測の事態を招来することありとすれば、その責任は総べてソ連の負うべきものである。大体こんな意味の文句が載っているんだが、これが当時既にソ連国境に因縁をつけて対ソ侵略をやろうとする意志のあったことを示す証拠材料だとつきつけてくる。この調子じゃ、何だって引っかゝりますヨ。」

訊問の鋭さには、流石の下村氏も参っている様であった。満ソ国境確定交渉、北鉄買収交渉と次第に進んで、愈々対日宣戦布告直前のソ連に関する情報蒐集の点で、訊問の追求は極点に達する。日満諜報機関が使役し、ソ連内に潜入せしめた白系露人、日満蒙鮮人の氏名及び組織のところでは、全く返答に窮した模様である。

「諜報謀略はソ連の極刑ですからネ。僕も所詮脱れぬ生命と覚悟はきめているんだが、何と言ってもソ連は恐ろしい国ですからネ。」

悠然とした態度であるが、下村氏の顔色は暗い。

ある晩、雨に濡れて帰って来た下村氏は、上衣を脱いで窓際に吊しながら、沁々と言った。「僕も愈々どこかへやられるかも知れませんヨ。今日はね。飛んでもないことを訊問された。例の三国同盟が出来上る前に、中野正剛が欧羅巴へ行ったことがある。その随員がほしいというので、僕が満鉄から派遣されてついて行った。そしてムッソリニやヒットラーと逢ったんですがネ。その事をちゃんと検べて居て、その時お前たちはどんな秘密協定を結んだか。ソ連を東西から挟撃する相談をしたろう。それを認めろと言うんだ。飛んでもない。私は唯附添いとして切符や宿の世話をしたばかりで、そんな偉い人には逢ってないと逃げたんだが、先方にはチャンと、その時誰と誰とが、何時から何時まで逢って話したという情報が集めてあるんだ。恐るべきソ連の諜報網ですネ。僕等が検べたり、想像した以上に恐るべきもんですヨ。」

そして彼は淋しく苦笑した。

ソ連通の異色ある外交官というよりは、寧ろロシヤ文学を愛好した知識人として、そして又若き日東京帝大の新人会同人として日本の社会改造の理想に燃えた情熱家として、下村氏が自己竝にソ連領内日本人抑留者の将来の運命に対して、その時抱いていた見通しは、極めて暗く悲観的であった。それはソ連を知り、ソ連に通ずるという自信から生じた暗さであり、悲観であった。「大概の連中は甘く呑気に考えているようですがネ。二十収容所にいる満洲時代の同僚などの中には、今にも日本に帰れそうな夢を描いて、日本に帰ったらあゝしよう、こうしようなんて語り合ったり、中には自分達が中心になって新らしい日本を再建するなどと、威勢のいゝことを論じあってるんですがネ。ソ連はそんな甘っちょろい国じあないと、僕は考えるんです。無論急に殺してしまうなんて無駄に手数のかゝることはやらんでしょうが。まあ、体よく飼い殺しでしょうね。中部シベリア辺の、例えばエニセイ河あたりの未開地に、丸太小屋の部落をつくる。そこにわれわれがゾロゾロと連れていかれる。木を切る。草を刈る。畑を起す。豚や鶏を飼う。みんな顔が煤けて泥臭くなって、年をとってゆく。日本のことなんか思い出しもしなくなって、やがてポツポツ死んでゆく。中にはロシヤ女と同棲する者位出るかもしれない。やがて村は日本人が減ってしまって、いつしかロシヤ部落になる。（中略）」

下村氏の言葉は、いつしか一片の物語めいてくる。「それも面白いじゃありませんか。僕は百姓が専門ですからね。エニセイ村へ行ったら僕が村長にでもなって、大いに粟や燕麦の肉粥を鱈腹喰おうじゃありませんか。狭くるしい小島にゴチャゴチャ集って、いがみ合ったり、共喰いしたりしてコセコセ生きるよりは、余程気の利いた人生を送れるかも知れませんヨ。」「共鳴してくれるのは、あなただけだ。二十収容所で僕は、エニセイ学派という渾名をつけられた位ですヨ。」

ソ連通の下村氏は、専門以外の事にも詳しく、ミチューリンや、ルイセンコや、ヴァビロフや、マキシモウイッチや、ヤーコヴレフ等の農学者や、生物学者の業績を知っていた。所詮日本に帰れぬ運命と決まったならば、二人で共同して、シベリアの奥地で新らしい植物でも造り出す仕事に没頭して余生を送ろうか。こんな夢を画いて、牢獄の晩春の夜を二人で語り合った。（中略）

反戦運動から中野正剛氏の思い出。東方会から稲村隆一氏。その弟の人民戦線事件の稲村順三氏の話など、それからそれへと止め度なく続く。語り合って見れば、年令を略同じくする下村氏とは、交友関係に於ても極めて近いつながりがあるのに驚く程である。（中略）

私と同様に、下村氏も子供は息子が唯一人ある丈けである。しかも年令まで同じ明けて二十歳

（中略）。終戦の時、夫人は胃潰瘍治療中の身を、無理に避難列車に托して南下し、日本に向った。途中安東あたりから、新京に北上する知人に托して手紙が届いたが、それには、途中で倒れるかも知れぬ、しかし最後まで頑張りますと書いてあった相である。

「平生私は家の事を構わん質でしてネ。心配と苦労のかけ通し、それを何とも思わず押し通して来たんですが。こうなって見ると誠に申し訳ない様な、そして可愛想な気がしてならんのですヨ。そうそう。二十収容所で句会があった時つくったんですがネ。こんな心境は判って戴けますか。」

下村氏の差し出した煙草の空箱を引裂いた小さな紙片には、鉛筆で次の文字が記されてあった。

「襤褸縫う、糸の湿りや、妻遠し」

「インフレが酷いという日本で、どう生きていますか。男の子ですからきっと考えを切りかえて、元気で働き抜いて居てくれると信じてはいるのですが。女房は病気勝ちなのでネ。」

遠く東京の空を思い見る様な下村氏の眼差しは、思いなしか、稍々うるんでいる様であった。（雑誌「ソ連研究」第四四号より転載）（『追想録』一二五～一三八頁）

以上は『追想録』から引用したが、『ソ連研究』（ソ連問題研究会編）第四巻十二号（通巻四十四号）（昭和三十年）に菅原道太郎氏が「ソ連獄中記：下村信禎《ママ》さんの思い出」として書かれたものである。以上の二人の文章からは、抑留された初期のころの下村信貞の様子がうかがえる。

第二十章　シベリアに死す

前章での引用は、抑留された下村信貞の昭和二十一年ころまでの状況を示している。これらの執筆者は、その後帰国が許されたが、下村はその後も抑留され続け、昭和三十年四月二十一日、ハバロフスク第十六捕虜収容所第五分所において亡くなった（『追想録』二三三頁）。以下の引用は、下村の最期の日々を記している。なお下村の死亡時期や場所について、それぞれの引用には少しずれがあるが、右に書いたのは『追想録』の年譜に書かれた日にちである。ただし以下では、各執筆者の文章はそのままに書き抜いておく。

はじめは、第十八章にも登場した梶浦智吉氏の文である。氏は下村の部下だったが、下村と同じようにかなり長期にわたって抑留されていたようである。

昭和三十一年の晩秋、バム地区からハバロフスクラーゲリ第二十一分所（日本人戦犯収容所）へ送られた私は、直ちに病室に下村さんを見舞った。寝台に寝たきりの下村さんは、私の顔を見るなり、「アアーア」と異様な声を発して、ひきつらせるように顔をゆがめた。私は子供のようにワッと泣き出した。同室の患者の老医師が「下村さんは泣いているのではありません、喜んでいるのです」といわれた。私が涙を拭い、よく見ると、下村さんはもう何の表情も示さず、微動もせず瞳は天井を向いたままだった。

二度目に見舞ったとき、下村さんは片手をあげて壁をなでるようにした。老医師が「米子さんのことかい、ムスコさんのことかい」というと、下村さんは手をおろした。私には「米と晴之のことを頼む」というお気持が、ハッキリわかった。

こうして私は昭和三十一年の暮、ハバロフスク市内の第三分所へ移されるまで、許される限り下村さんを見舞って、その枯木のような手足をさすってあげた。ある日病室を覗くと、看護係が下村さんを寝台と壁との間に立たせていた。下村さんが壁に身を支えて立つと、看護係は「ひとりでトイレへ行くというんですよ」といって立ち去った。見ると下村さんは動かぬ片手を胸に、片手で壁にすがりつくようにして、動く片足だけで、にじるように歩き始めるではないか。「自分のことは自分でする」――こんなぎりぎりの状態になっても、自己にきびしい男子の意気地、というよりはあのイキな下村さんの生きざまを目のあたりにして、私はいまさらながら感激した。いや、そんな感傷にひたる場合ではない、私は慌てて近寄って、肩を入れて下村さんを支えた。下村さんは何年ぶりかで、「肉身」の肩にすがることのできた満足感にひたっておられるようだった。そのかすかなぬくもりが私の身体に伝わってきたとき、私はポロポロ涙を流していた。（『追想録』二一六～二一七頁）

次に「帰らぬ人」という題で書かれた北見遼氏の文章を書き写したいと思うが、短章であることがまことに残念である。

たしか、一九五四年の初冬の朝だったと思う。当時、私はハバロフスクの日本人受刑捕虜収容所で、街のミール・コンビナートから運ばれてくる小麦粉などを入れる袋の修理作業をやっていた。老人や不具者、病弱者などは、この手作業をやらされていたのである。作業小屋の中は、袋についている白い粉が充満していて、息苦しいくらいだった。

柵外労働にみんなが出て行った後の構内は、人影もなく、窓外の風景はヒッソリと静まりかえっていた。

フト戸外に目をやると、白衣を着た二人の病院勤務者に運ばれていく、ひとつの担架が通った。二人とも、こころもち背を丸めて担架をにない、歩みもおそかった。担架の上には、一枚の白い敷布が掛けられてあり、その下に、小さく薄く一人の遺体が乗っていた。あとでわかったことだが、それが下村さんだった。

乗り給う担架冷たき朝の霜

誰の句かおぼえていない。下村さんは、抑留生活のつれづれに、よく俳句を作られたそうである。当時の俳句仲間の作であろう。下句は「霜の朝」だったかも知れない。

抑留者たちは、下村次長のことは、みんなが知っている。満洲にいた人なら、ノモンハン事件のニュース映画で、長髪を風になびかせ、停戦の交渉にあたっていた、あの凛々しい姿を見た人は多いにちがいない。

(中略)

外交部次長というのは、日本では外務次官にあたるのだろうか。その人が、どのようないきさつで受刑されたのか、私は知らない。抑留されてから、同じ収容所にいたこともない。私がこの収容所に来たときは、下村さんは、すでに重病で入院して居られ、お顔を見ることもなかった。いっしょにいた人たちの話では、下村さんは、みんなから大へん慕われたそうだ。魅力ある人だ。

下村さんの俳号は、虻郎（あぶろう）という。これは、「なんでもオブローモフとかいうロシアの小説の主人公の名まえからとったものだそうです」と、伝え聞いたことがある。有名なゴンチャーロフのこの小説は、オブローモフという美しく純粋な心を持ちつづけながら、没落してゆくロシアの一貴族を描いた物語である。

　為すことのなほあるごとし霜を踏む

　冬空に見えなくなりし青い鳥

虻郎遺句集に見える。下村さんの残された句は、どのくらいあるのだろうか――。

しかし、いくつかの句のうち、私などには、わかるようでいて、よくわからないものもある。つぎの句である。

舎利弗よ大輪ダリヤ虜舎に咲く
（『追想録』二一九～二二一頁）

シベリアにおいて、下村信貞は五十六年間の生涯をとじた。

おわりに

『追想録』では巻頭に位置する下村信貞の「シベリア句集」を最後に書き抜いて、本書のしめくくりとしたい（『追想録』一三〜一六頁）。

新年
元朝や雪ほの白き樅の丈

春
春の夜や会ふ人皆と話したき
手にとりし牛乳の温みや春浅し
銀紙をうららの空に投げて見し
生くることは悦びという木の芽見る
春雨や破れしビラの赤き文字

カチューシャの奥津城いづこ木梨咲く
垣白く塗りかへられて山つつじ
拭けば窓いっぱいの春日かな
たんぽぽや空罐捨つる庫の横
春雷や吾にも怒れる心あり
春哀し風塵強き丘に立つ
春哀し注射の液の薄濁り

夏

どこまでも非は彼にあり蠅を打つ
脳悪き人の行方や夕蛙
若葉洩るこの街どこかで聞きし雨
白き夜や異国の銀貨示されぬ
だしぬけに南北を抜く雷一つ
夕焼けや虜人何れも黙し居り
水切りの子等の彼方は夕焼けて
明易し小棚に光るアルミ物

蠅叩き一つ残して芋逸去る
若きかな午睡の将の足の裏
就中小皺のあたり日灼けして
（浜田老を悼む）
つばのある夏帽見えぬ点呼かな

秋

花のある萩もて作る箒かな
気にかかることあり前を蛾のよぎる
鳳仙花白きは若き尼に似て
舎利仏よ大輪ダリヤ廬舎に咲く
星流る吾に佳き人皆遠し
吾が幸はオリオンにありオリオン出づ
掛小屋の暮色褪せて秋の風
秋風や高きに上り鋲を打つ
郷愁はコスモス風に揺るるとき
コスモスや人影見えぬ待避駅

かくれんぼ坊はコスモスの影に居る
いつまでも雁の渡るを見ていたり
為すことのなほあるごとし霜を踏む

冬

大乗の教へは淋し落葉踏む
幻の剣は蒼し冬灯
頑な老の猫背や冬灯
木枯しや杜翁に似たる倉庫番
月ありて初雪降りぬ幸あらん
性悪しき人のシューバの大バンド
手套縫ふ吾見れば蓋し妻泣かん
美しき夢のつづきや樹氷林
樹氷咲きとある館のシューベルト
枯草や死に水を取る人得しと
着ぶくれて世の片隅に生くと言ふ
寒凪ぎや貨物列車をつなぐ音

冬雲や見失ひたる青い鳥

解題

藤井健志

本書は、大分県中津市で発行されていた地域文化総合雑誌『邪馬台』二〇一一年冬号（通巻一八一号）から二〇一七年春号（通巻二〇二号）に、松井義弘氏が連載された下村信貞の評伝「満州の星・下村信貞をめぐる人々」をまとめたものである。下村信貞は本書に書かれている通り、戦前の満洲国外交部次長を務めた人であるが、戦後はシベリアに抑留され、シベリアで亡くなっている。

著者の松井義弘氏は昭和十一年、現在の福岡県豊前市で生まれ、そこで新聞販売業を営みながら、歌人として歌集を出すとともに、豊前地方で生まれた何人かの評伝を書いてきた人である。氏がこれまでに出された評伝は次の四冊である。

『黒い谷間の青春：山本詞の人間と文学』（九州人文化の会、昭和五十一年）
『仏教済世軍の旗』（歴史図書社、昭和五十四年）
『小川独笑伝：豊前近代民衆史（Ⅰ）』（近代文芸社、平成八年）
『青春の丘を越えて：詩人・島田芳文とその時代』（石風社、平成十九年）

特に第一作の『黒い谷間の青春』は、炭鉱労働者・山本詞《つぐる》の心の内側をとらえようとした優れた評伝である。戦後の筑豊炭田の状況も活写されており、社会史や民衆史に関心をもつ人には興味深い内容だと思う。

ちなみにこの解題を書いている私は、第二作の『仏教済世軍の旗』(仏教済世軍という宗教運動の創始者・真田増丸《さなだますまる》の評伝)が縁となって松井氏と知り合った。だいぶ以前になるが、私が仏教済世軍について調べていた時にお世話になり、その後も交流が続いている。本書はこうした関係の中で、松井氏から出版を依頼され、私の方で若干の編集をした上で刊行にいたったものである。

松井氏がこれまで書かれた評伝にはいくつかの特徴がある。一つは豊前地方の出身者を扱っているということである。だが豊前出身者を手放しで称揚するものではない。取り上げられた人物は、ある程度社会に名を知られていても、それほど有名ではない人が多く、地元で忘れられた人もいる。したがって社会的評価はそれほど高くはない。人間としても、癖のある人物が多く、一概に「良い人」とは言えない。しかしそうした彼らに共通するのは、自分なりのこだわりをもち、独自の何かをつくり出そうとした人たちだという点である。松井氏は、豊前出身者の中でも、そのような人を選んで評伝を書いてきたと言ってよい。

松井氏の評伝を読んでいてもう一つ気づくのは、取り上げる人物の心の動きにしばしば触れていることである。彼らを、心を揺り動かされながらも、自覚的に自らの生き方を定めようとした人間として描き出そうとするのが、松井氏の作品の特徴である。取り上げる人物は、歌人、宗教者、詩人とばらばらであるが、いずれの場合も、その生涯を、心の変化と重ねながら理解しようとしている。そこには歴史の流れも重ね合わされていくが、基本的には心の動きに注目していると言ってよい。それは歌人としての松井氏が、人間を描き出すことに強い関心をもっているからであろう。そのため独特の個性をもつ人たちが評伝の対象として選ばれたのだと思う。しかしその心を追っていくと、強い個性に基づく影の部分も浮かび上がってくる。そのため松井氏の作品は、成功者を礼賛する評伝ではなくて、その個性のゆえに独特の生き方をした人間を描き出す評伝になったと私は理解している。

私は、松井氏には日本の中央の権威に対する反発と、地元に根差す強い自負心があると感じているが、そうした氏のあり方が、評伝で取り上げる人物を選び出しているのだと思う。松井氏はこうした人たちが豊前という土地から生まれ出たことを誇りに思っているのではないだろうか。

しかしこのように考えてくると、豊前生まれとは言え、五高から東大へ行き、最後は満洲国外交部次長（実質的な外務大臣）となった下村信貞は例外的な存在であるかのように見える。だが彼は四十六歳でシベリアに抑留され、その地で没する。しかも様々な問題をもつ満洲国は戦後、強い批判にさらされ、そこにおける地位は評価されなくなった。結果的に下村は、戦後社会の流れから外れた位置に置かれるようになり、忘れられていく。豊前の地元においてさえ、下村家につながる方々を探し出すのは容易ではなかった。下村に注目する研究もほとんどない。このように考えると、下村は、これまで松井氏が取り上げてきた人物と同じように、必ずしも社会的評価の高い成功者と言うことはできないだろう。

また本書では下村の心の動きを必ずしも追っていない。ここに描き出された下村信貞は、人々の回想によって紡ぎ出された下村信貞である。これは彼についての資料が、ほとんど残っていないためであろう。しかし松井氏は、様々な断片的回想をつなぎ合わせて、そこから下村信貞を浮かび上がらせた。本書を読むと、一人の魅力ある人間が、確かに姿を現していることを感じるのではなかろうか。資料の制約からこれまでの評伝とは異なる形になったが、やはりここには松井氏の人間に対する関心が息づいているのだと思う。私は、本書がこのような意味で、松井氏のこれまでの評伝を受け継いでいると考えている。

なお右にも触れたが、下村信貞に関する研究はほとんどない。満洲国外交部次長としての下村に触れた著述はあるが、本格的に研究対象にした論考はないと言ってよい。しかし本書でも触れられているノモンハン事件後の国境画定事業を担った点は、戦後無意味になったとは言え、下村の重要な業績と考えるべきだと思う。そして何よりも下村は魅力的な人物であった。日本の近代史の中にこうした人物がいたということは、その業績と共に記憶されてもよいのではなかろうか。この意味で、下村信貞に関する書籍を刊行する意義は大きいと考える。

編集に当たっては、松井氏の原稿に対して、書かれている内容と根拠の確認をできる限りした上で、いくつかの誤りの修正をした。またそれとともに、重複している文章や下村の生涯にあまり関係がないと思われた引用を部分的に削除した。引用を時系列の順に入れ替えたところもあり、松井氏の了解の下で関連する章題は変更させてもらった。しかし基本的には松井氏の原稿に大きな変更は加えていない。『下村信貞追想録』からの引用も原則として原文のままとし、誤字も含めて執筆者の思い違いや記憶違いと思われる個所もほとんど修正していない。また松井氏の原稿の中で、事実と必ずしも合致しない部分でも（たとえば「ソ満国境に挑む」）そのままにした箇所がある。そこに松井氏の思いがあると思ったからである。もう一つ付け加えると、本書を刊行する時には書名を「満洲国の星」とすることに、松井氏がかなりこだわられた。その書名が適当かどうかについて、松井氏とは何回か話し合ったが、氏は繰り返し「満洲国の星」とすることを主張されたので、最終的にはそれに従った。本書を読まれた方は、この書名が何らの政治的意図をもつものではないことを納得されるはずである。いずれにしても、松井氏の考えをできる限り尊重するという方針で、もとの原稿の修正を最小限にとどめた。

本書の記述の中には、現在の松井氏にも根拠が曖昧となってしまった箇所が数カ所ある。求菩提《くぼて》資料館館長・栗焼憲児氏などのご助力を得て、可能な限り調べるよう努めたが、それでも不明点が残っている。栗焼氏らに感謝申し上げるとともに、お気づきの点があったら、お教えいただけると幸いである。

最後に組版に関しては生田稚佳氏に、印刷・製本に関しては、Smile with Art の立川信史氏にたいへんお世話になったことを感謝の意とともに申し添えておく。

著者略歴

松井義弘（まつい・よしひろ）

1936年、現在の福岡県豊前市に生まれる。歌人、評伝作家。元豊前市立図書館長。
著書（評伝）：『黒い谷間の青春：山本詞の人間と文学』（九州人文化の会、1976年）、『仏教済世軍の旗』（歴史図書社、1979年）、『小川独笑伝：豊前近代民衆史（Ⅰ）』（近代文芸社、1996年）、『青春の丘を越えて：詩人・島田芳文とその時代』（石風社、2007年）。
歌集：『生活の山河』（短歌新聞社、1982年）、『冬構へ』（雁書館、1996年）、『青鷺』（短歌新聞社、2009年）。

解題

藤井健志（ふじい・たけし）

東京学芸大学名誉教授。

満洲国の星　下村信貞をめぐる人々

2023年12月20日　初版第1刷　発行

著　者　松井義弘
発行者　藤井健志
発行所　東京学芸大学出版会
〒184-8501　東京都小金井市貫井北町4-1-1　東京学芸大学構内
TEL 042-329-7797　FAX 042-329-7798
E-mail　upress@u-gakugei.ac.jp
http://www.u-gakugei.ac.jp/~upress/

装　丁　STUDIO LOGOS
印刷・製本　Smile with Art

Printed in Japan
ISBN 978-4-901665-64-3